2015

中国农村贫困监测报告

POVERTY MONITORING REPORT OF RURAL CHINA

国家统计局住户调查办公室

COMPILED BY
Department of Household Surveys
National Bureau of Statistics of China

中国统计出版社
China Statistics Press

图书在版编目（CIP）数据

2015 中国农村贫困监测报告 / 国家统计局住户调查办公室编. -- 北京 : 中国统计出版社, 2015.12
ISBN 978-7-5037-7727-1

Ⅰ. ①2… Ⅱ. ①国… Ⅲ. ①贫困－农村调查－调查报告－中国－2015 Ⅳ. ①F323.8

中国版本图书馆 CIP 数据核字（2015）第 295118 号

中国农村贫困监测报告-2015

作　　者 / 国家统计局住户调查办公室
责任编辑 / 冯燕玲
装帧设计 / 黄　晨
出版发行 / 中国统计出版社
通信地址 / 北京市丰台区西三环南路甲 6 号　邮政编码 /100073
电　　话 / 邮购（010）63376909　书店（010）68783171
网　　址 /http://www.zgtjcbs.com/
印　　刷 / 河北天普润印刷厂
经　　销 / 新华书店
开　　本 /880mm×1230mm　1/16
字　　数 /390 千字
印　　张 /12.25
版　　别 /2015 年 12 月第 1 版
版　　次 /2015 年 12 月第 1 次印刷
定　　价 /148.00 元

如有印装差错，由本社发行部调换。

《中国农村贫困监测报告—2015》
编委会成员

前　言

改革开放以来，我国实施大规模扶贫开发，使7亿多农村贫困人口摆脱贫困，取得了举世瞩目的伟大成就，谱写了人类反贫困历史上的辉煌篇章。中国也成为全球最早实现联合国千年发展目标中减贫目标的发展中国家，为全球减贫事业作出了重大贡献。

党的十八大以来，我国把扶贫开发工作摆在更加突出的位置，把精准扶贫、精准脱贫作为基本方略，开创了扶贫开发事业新局面，全面吹响了打赢脱贫攻坚战的号角。国家统计局贯彻落实党中央国务院关于扶贫工作重要指示精神，不断创新工作机制，联合国家发改委、民政部、财政部、国务院扶贫办等五部门共同发文进一步加强农村贫困监测工作。在新的扶贫形势下，国家统计局继续做好农村贫困监测工作，通过规范扎实的统计调查，全面、准确、及时反映农村贫困状况和变化趋势，分析贫困特征和致贫因素，为客观评估扶贫成效、科学制定农村特别是贫困地区发展政策提供可靠依据。

本报告的撰写主要依据国家统计局开展的如下统计调查：一是住户收支与生活状况调查，用于反映全国和分省农村总体情况及贫困状况；二是国家农村贫困监测调查，用于反映贫困地区包括集中连片特殊困难地区和国家扶贫开发工作重点县的贫困状况；三是分县（市）社会经济基本情况统计，为贫困监测提供区域发展年度背景资料。

本报告包括七个方面的内容，分别是农村经济社会发展综述、全国农村贫困状况、贫困地区农村贫困状况、区域性贫困状况、部门扶贫情况、贫困标准问题研究、统计资料等；主题涵盖农村贫困人口、居民收入消费、农户生产生活、性别平等、劳动力外出、医疗保健、公共服务、儿童营养等多个维度。报告专门收录了《每天1.9美元国际标准衡量的中国贫困状况》、《以现行贫困标准衡量改革开放以来农村贫困人口规模减少7亿多》等多篇研究性文章，以及相关部门提供的扶贫活动开展情况，增强了报告的理论性和实践性。

在此，特别感谢国家发改委、教育部、科技部、工业和信息化部、国家民委、民政部、财政部、国土资源部、住房城乡建设部、交通运输部、水利部、农业部、卫生计生委、审计署、林业局、国务院扶贫办、国家铁路局、全国妇联、中国残联、中国铁路总公司、农业银行等有关部门对本报告编写给予的大力支持，也衷心感谢国家统计局相关司局的热情帮助。

限于水平和经验，本报告难免有不足之处，真诚欢迎大家提出批评和建议。

编　者

目录

Contents

第四部分　区域性贫困状况

第五部分　部门扶贫情况

第六部分　贫困标准问题研究

第七部分　统计资料

目录

Contents

目录

Contents

第一部分　农村经济社会发展综述

1

在经济发展进入新常态背景下，2014 年国家继续实施强农惠农政策，农业农村发展平稳向好，继续保持农业丰产、农民增收、农村稳定的良好局面。粮食生产实现十一连增，粮食综合生产能力稳步提高，依靠国内生产确保国家粮食安全的基础更为稳固，农业基础地位进一步强化。农民收入继续快速增长，城乡居民收入差距持续缩小。农村公共事业持续发展，农村社会更加和谐稳定。“三农”发展的良好形势，为稳增长、促改革、调结构、惠民生作出了突出贡献。

一、强农惠农政策体系进一步完善

（一）财政支农资金继续增长

当前，经济发展进入新常态，但公共财政对农林水事务的支出仍保持相对较高的增长速度。2014 年，全国一般公共财政农林水支出 14002 亿元，比上年增长 4.9%；比 2010 年增长 72.2%。

（二）继续实施“四项补贴”和生产大县奖励政策

2014 年国家继续实施种粮直接补贴、农资综合补贴、良种补贴和农机具购置补贴等“四项补贴”政策，补贴规模和补贴标准基本保持稳定。另外，为培育新型农业生产经营主体，国家加大了对专业大户、家庭农场和农民合作社等新型农业经营主体的支持力度，实行新增补贴向专业大户、家庭农场和农民合作社倾斜的政策。鼓励和支持承包土地向新型农业生产经营主体流转，大力发展多种形式的适度规模经营。2014 年国家继续实施产粮（油）大县奖励和生猪调出大县奖励政策。

（三）继续提高小麦、水稻最低收购价

2014 年国家继续在粮食主产区实行最低收购价政策，并提高最低收购价水平。2014 年小麦（三等）最低收购价提高到每斤 1.18 元，比 2013 年提高 0.06 元，提价

幅度为5.4%；早籼稻（三等，下同）、中晚籼稻和粳稻最低收购价格分别提高到每斤1.35元、1.38元和1.55元，比2013年提高0.03元到0.05元，提价幅度在2.3%到3.3%。另外，2014年国家继续在主产区实行玉米、油菜籽、食糖的临时收储政策。

（四）开展农产品目标价格改革试点

农产品目标价格改革的基本思路是坚持市场供求决定价格的基本原则，充分发挥市场机制形成价格的决定性作用，在市场价格低于目标价格时按差价补贴生产者。2014年，国家启动了东北和内蒙古大豆、新疆棉花目标价格改革试点工作。

（五）改善涉农金融服务

农村和农业贷款继续增长。据中国人民银行统计，2014 年末，主要金融机构及小型农村金融机构、村镇银行、财务公司农村（县及县以下）贷款余额19.44 万亿元，同比增长12.4%；农户贷款余额5.36 万亿元，同比增长19%；农业贷款余额3.4 万亿元，同比增长9.7%。

农业保险进一步完善。除继续对玉米、水稻、小麦、棉花、马铃薯、油料作物、糖料作物、能繁母猪、奶牛、育肥猪、天然橡胶、森林、青稞、藏系羊、牦牛等15个农产品试行保费补贴外，2014年国家进一步加大对农业保险支持力度，提高中央、省级财政对主要粮食作物保险的保费补贴比例，逐步减少或取消产粮大县县级保费补贴，不断提高稻谷、小麦、玉米三大粮食品种保险的覆盖面和风险保障水平；鼓励保险机构开展特色优势农产品保险，有条件的地方提供保费补贴，中央财政通过以奖代补等方式予以支持；扩大畜产品及森林保险范围和覆盖区域；鼓励开展多种形式的互助合作保险。

（六）开展村庄人居环境治理

中国要美，农村必须美。以治理农村垃圾和污水为重点，2014年国家推进新一轮农村环境连片整治。一是推行县域农村垃圾和污水治理的统一规划、统一建设、统一管理，建立村庄保洁制度，推行垃圾就地分类减量和资源回收利用。二是大力开展生态清洁型小流域建设，整乡整村推进农村河道综合治理。三是推进规模化畜禽养殖区和居民生活区的科学分离，引导养殖业规模化发展，支持规模化养殖场畜禽粪污综合治理与利用。四是引导农民开展秸秆还田和秸秆养畜，支持秸秆能源化利用设施建设。推进农村清洁工程，因地制宜发展规模化沼气和户用沼气。五是推动农村家庭改厕，全面推进无害化卫生厕所改造任务。六是大力推进农村土地整治，节约集约使用土地。

（七）培育新型职业农民政策

2014年，国家进一步扩大新型职业农民培育试点工作，使试点县规模达到300个，新增200个试点县，每个县选择2-3个主导产业，重点面向专业大户、家庭农场、农民合作社、农业企业等新型经营主体中的带头人、骨干农民等，围绕主导产业开展从种到收、从生产决策到产品营销的全过程培训，培养造就大批高素质农业生产经营者，支撑现代农业发展，确保农业发展后继有人。2014 年，国家继续组织实施农村劳动力培训阳光工程，以提升综合素质和生产经营技能为主要目标，对务农农民免费开展专项技术培训、职业技能培训和系统培训。阳光工程由各级农业主管部门组织实施，农广校、农技推广机构、农机校、农业职业院校及有条件的培训机构承担具体培训工作。2014 年国家还制订了农村实用人才培养政策。

二、农业生产稳定发展

（一）农业产出稳定增长

2014 年农业产出总体保持稳定增长态势，但畜牧业产出增长速度相对较低。2014 年农林牧渔业（包括农林牧渔服务业）总产值（现价，下同）为 102226 亿元，可比增长 4.2%。其中，农业总产值为 54772 亿元，比上年增长 4.4%；林业总产值为 4256 亿元，比上年增长 6.1%；畜牧业总产值为 28956 亿元，比上年增长 3%；渔业总产值为 10334 亿元，比上年增长 4.4%。与 2010 年相比，2014 年农林牧渔业总产值增长 18.7%。其中，农业增长 20.1%，林业增长 30.7%，畜牧业增长 12.5%，渔业增长 20.6%。

从结构方面来看，农业、林业和渔业占农林牧渔业总产值的比重略增，畜牧业占比下降。2014 年农业、林业和渔业总产值占农林牧渔业总产值的比重分别为 53.6%、4.2% 和 10.1%，比上年分别提高 0.5、0.1 和 0.1 个百分点；畜牧业总产值占农林牧渔业总产值的比重为 28.3%，比上年降低了 1 个百分点。与 2010 年相比，农业、林业和渔业产值占农林牧渔业总产值的比重分别提高了 0.3、0.5 和 0.8 个百分点，畜牧业产值所占比重下降了 1.7 个百分点。

表 1-1　2014 年和 2010 年农林牧渔业总产值、结构及其变化

指标名称	2014			2010		
	总产值（亿元）	比上年增长（%）	占比（%）	总产值（亿元）	比上年增长（%）	占比（%）
农林牧渔业	102226	4.2	-	69320	4.4	-
农业	54772	4.4	53.6	36941	4.1	53.3
林业	4256	6.1	4.2	2596	6.5	3.7
畜牧业	28956	3	28.3	20826	4.1	30
渔业	10334	4.4	10.1	6422	5.5	9.3

数据来源：《中国农村统计年鉴2015》。
注：农林牧渔业总产值包括农林牧渔服务业在内。

从增加值来看，2014 年农林牧渔业增加值为 60158 亿元，可比增长 4.2%。其中，农业增加值为 35257 亿元，增长 4.3%；林业增加值为 2793 亿元，增长 6.2%；畜牧业增加值为 14025 亿元，增长 2.9%；渔业增加值为 6260 亿元，增长 4.4%。与 2010 年相比，2014 年农林牧渔业增加值增长 17.2%。在增加值结构方面，农业、林业和渔业增加值占农林牧渔业增加值的比重提高，畜牧业增加值比重下降。2014 年农业、林业和渔业增加值占农林牧渔业增加值的比重分别为 58.6%、4.6% 和 10.4%，比上年分别提高了 0.4、0.1 和 0.1 个百分点；畜牧业增加值占比为 23.3%，比上年下降了 0.8 个百分点。与 2010 年相比，2014 年农业、林业和渔业增加值占农林牧渔业增加值的比重分别提高了 0.2、0.3 和 0.8 个百分点，畜牧业占比下降 1.4 个百分点。

表 1-2　2014 年和 2010 年农林牧渔业增加值、结构及其变化

指标名称	2014			2010		
	增加值（亿元）	比上年增长（%）	占比（%）	增加值（亿元）	比上年增长（%）	占比（%）
农林牧渔业	60158	4.2	--	40534	4.3	--
#农业	35257	4.3	58.6	23685	--	58.4
林业	2793	6.2	4.6	1744	--	4.3
畜牧业	14025	2.9	23.3	10022	--	24.7
渔业	6260	4.4	10.4	3904	--	9.6

数据来源：《中国农村统计年鉴 2015》。
注：农林牧渔业增加值包括农林牧渔服务业在内。

（二）粮食实现“十一连增”，总产再创历史新高

1. 粮食增产情况。

根据对全国 31 个省（自治区、直辖市）的抽样调查，2014 年全国粮食总产量 12141 亿斤，比上年增长 0.8%。其中，谷物产量 11148 亿斤，增加 95 亿斤，增长 0.9%。粮食总产量在上年突破 12000 亿斤的基础上，再次实现增产，表明我国粮食综合生产能力稳步提高，确保口粮绝对安全的能力进一步增强。

分品种看，稻谷产量 4130 亿斤，增产 57 亿斤，增长 1.4%；小麦产量 2524 亿斤，增产 86 亿斤，增长 3.5%；玉米产量 4313 亿斤，减产 56 亿斤，下降 1.3%；大豆 243 亿斤，增产 4 亿斤，增长 1.7%。玉米产量占粮食总产量的比重为 35.5%，比上年下降 0.8 个百分点，但仍为三大谷物之首；稻谷、小麦产量占粮食总产量的比重分别为 34.0% 和 20.8%，分别提高 0.2 个百分点和 0.5 个百分点。

2014 年，全国粮食总产量比 2010 年增加 11.1%，年均增长 2.7%。

表 1-3　2000 年以来粮食总产量变化情况

单位：亿斤

年 份	粮食总产量	稻 谷	小 麦	玉 米	大 豆	薯 类
2000	9244	3758	1993	2120	308	737
2001	9053	3552	1877	2282	308	713
2002	9141	3491	1806	2426	330	733
2003	8614	3213	1730	2317	308	703
2004	9389	3582	1839	2606	348	712
2005	9680	3612	1949	2787	327	694
2006	9961	3634	2169	3032	301	540
2007	10032	3721	2186	3046	255	562
2008	10574	3838	2249	3318	311	596
2009	10616	3902	2302	3279	300	599
2010	10930	3915	2304	3545	302	623
2011	11424	4020	2348	3856	290	655
2012	11792	4085	2420	4112	261	659
2013	12039	4072	2439	4370	239	666
2014	12141	4130	2524	4313	243	667

数据来源：《中国农村统计年鉴2015》。

2. 粮食增产的主要原因。

一是粮食播种面积稳中略增，单产提高。粮食播种面积增加对增产的贡献率为 81.5%。2014 年，全国粮食总播种面积 11272.3 万公顷，比上年增加 76.7 万公顷，增长 0.7%。其中，谷物播种面积 9460.4 万公顷，增加 83.5 万公顷，增长 0.9%。谷物中，稻谷播种面积 3031 万公顷，减少 0.19 万公顷；小麦 2406.9 万公顷，减少 4.8 万公顷，下降 0.2%；玉米 3712.3 万公顷，增加 80.5 万公顷，增长 2.2%。大豆播种面积 671 万公顷，增加 0.9 万公顷，增长 0.1%。粮食单产提高对增产的贡献率为 18.5%。2014 年，全国粮食单产为 359 公斤 / 亩，比上年增加 0.6 公斤，增长 0.2%。

二是防灾减灾及时，总体灾情轻于上年。针对 2014 年粮食生产面临的干旱、洪涝、低温寡照、台风等各种自然灾害，各级政府高度重视，及早防范，加强灾情调度，及时制定和落实应对措施，科学防灾救灾。2014 年，国家继续实施“农业防灾减灾稳产增产关键技术补助政策”，加大相关补助力度，积极推动实际效果显著的关键技术补助常态化。虽然 2014 年局部地区旱情较重，玉米生产受到较大影响，但小麦、稻谷、大豆等生长期间主产区气象条件接近常年，对相关作物生长发育及产量形成有利，总体灾情轻于上年。据民政部门统计，2014 年全国农作物受灾面积 29961 千公顷，比上年同期减少 1389 千公顷，下降 4%。

三是粮食劳动生产率提高。近年来，国家逐步加大农业科研投入、稳步推进以培育优良品种为重点的农业科技创新、完善农业科技推广应用体系、开展农业防灾减灾稳产增产关键技术补助、深入推进粮棉油糖高产创建支持政策、实施“阳光工程”和培养农村实用人才政策等，提高农业科技创新和应用水平，农业科技进步贡献率稳步提高。据农业部统计，2014 年我国农业科技进步贡献率达到 56%，比上年提高了 0.8 个百分点；与此同时，农业机械化水平快速提高，2014 年全国农作物耕种收综合机械化率突破了 60%，三大粮食作物耕种收综合机械化率均超过 75%，小麦生产基本实现全过程机械化。农业科技进步和农业机械化水平提高，使得粮食劳动生产率进一步提高。据测算，2014 年全国平均每个农业劳动力生产的粮食大约为 2664 公斤，比上年增长 7%。

表 1-4　2000 年以来粮食劳动生产率

年 份	粮食总产量（亿斤）	第一产业就业人员数（万人）	每个劳动力平均粮食产量（公斤 / 人）	比上年增长（%）
2000	9244	36043	1282	--
2001	9053	36399	1244	-3.0
2002	9141	36640	1247	0.3
2003	8614	36204	1190	-4.6
2004	9389	34830	1348	13.3
2005	9680	33442	1447	7.4
2006	9961	31941	1559	7.7
2007	10032	30731	1632	4.7
2008	10574	29923	1767	8.3
2009	10616	28891	1837	4.0
2010	10930	27931	1957	6.5
2011	11424	26594	2148	9.8
2012	11791	25773	2288	6.5
2013	12039	24171	2490	8.9
2014	12141	22790	2664	7.0

数据来源：《中国农村统计年鉴 2015》。

说明：a. 因缺乏从事粮食生产的劳动力数量指标，这里使用第一产业就业人员来代替，实际每个从事粮食生产的劳动力平均粮食产量应大于表中的近似数。b. 2000-2014 年第一产业就业人员数是国家统计局根据第六次全国人口普查资料及历年劳动力调查资料推算得到的。

（三）主要经济作物减产

2014 年，棉花种植面积 422 万公顷，比上年减少 12 万公顷。受种植面积减少的影响，2014 年棉花产量下降，全国棉花总产量为 617.8 万吨，比上年减少 1.9%。油料种植面积 1404 万公顷，增加 2 万公顷，油料产量 3507 万吨，比上年减少 0.3%。糖料种植面积 190 万公顷，减少 10 万公顷，下降 5%，糖料产量 13361 万吨，减产 2.8%。

表 1-5　2000 年以来棉花、油料和糖料产量变化情况

单位：万吨

年份	棉花		油料		糖料	
	总产量	比上年增加	总产量	比上年增加	总产量	比上年增加
2000	442	59	2955	354	7635	--
2001	532	91	2865	-90	8655	1020
2002	492	-41	2897	32	10293	1638
2003	486	-6	2811	-86	9642	-651
2004	632	146	3066	255	9571	-71
2005	571	-61	3077	11	9452	-119
2006	753	182	2640	-437	10460	1008
2007	762	9	2569	-72	12188	1728
2008	749	-13	2953	384	13420	1231
2009	638	-112	3154	202	12277	-1143
2010	596	-42	3230	76	12008	-269
2011	660	64	3307	77	12517	508
2012	684	25	3437	130	13485	968
2013	630	-54	3517	80	13746	261
2014	618	-12	3507	-10	13361	-385

数据来源：《中国农村统计年鉴 2015》。

（四）林业生态建设稳步推进

围绕建设生态文明和美丽中国，2014 年林业生产建设稳步推进，国土绿化事业发展取得新成效。据国家林业局统计，2014 年全国共完成造林 602.7 万公顷，重点生态修复工程完成造林 199.9 万公顷。天然林保护工程建设稳步推进，全年完成造林 41.5 万公顷，中幼龄林抚育 175.2 万公顷，后备森林资源培育 11.7 万公顷，有效保护森林 1.15 亿公顷。退耕还林工程全年完成造林 34.8 万公顷。京津风沙源治理工程全年完成造林 26.5 万公顷，三北及长江流域等防护林工程完成造林 97.1 万公顷。全年完成防沙治沙任务 126.5 万公顷。自然保护区建设和野生动植物保护不断加强，全年林业系统新建自然保护区 11 处，面积 14 万公顷，国务院批准晋升国家级自然保护区 19 处，国家级自然保护区总数达 344 处，同时不断持续加强林业国家级自然保护区基础设施和能力建设。目前，林业系统各种类型、不同级别自然保护区共计 2174 处，面积 1.25 亿公顷，占国土面积的 13%。湿地保护力度极大。2014

年开展了中央财政退耕还湿、湿地生态补偿和湿地保护奖励等试点，全年安排资金近20亿元，实施项目331个。草原保护建设工程成效显著，与非工程区相比，工程区草原植被盖度平均提高 8个百分点，平均增加63%。全年完成草原禁牧1.04亿公顷，草畜平衡1.73亿公顷，新增人工种草1066.7万公顷，新增草原围栏470.1万公顷。

（五）畜产品和水产品产量稳步增长

2014年，全国主要畜禽生产呈稳步增长态势，肉蛋奶等主要产品产量增加。2014年全国猪牛羊禽肉产量为8540万吨，比上年增长2.0%。其中，猪肉产量5671万吨，增长3.2%；牛肉产量689万吨，增长2.4%；羊肉产量428万吨，增长4.9%；禽肉产量1751万吨，下降2.7%。2014年全国禽蛋产量2894万吨，增长0.6%。牛奶产量3725万吨，增长5.5%。与2010年相比，2014年猪牛羊禽肉产量增长9.8%。其中，猪肉增长11.8%，牛肉增长5.5%，羊肉增长26.3%，禽肉增长5.7%。

2014年全国水产品产量6462万吨，比上年增长4.7%，比2010年增长20.3%。其中，养殖水产品产量4748万吨，比上年增长4.6%，比2010年增长24%；捕捞水产品产量1714万吨，比上年增长5.1%，比2010年增长11%。

表1-6　2014年畜牧业生产情况

项目	单位	2014年	2010年
猪牛羊禽肉	万吨	8540	7779
猪肉	万吨	5671	5071
牛肉	万吨	689	653
羊肉	万吨	428	399
禽肉	万吨	1751	1656
生牛奶	万吨	3725	3576
生猪出栏	万头	73510	66686
生猪存栏（年末数）	万头	46583	46460

数据来源：《中国农村统计年鉴2015》。

三、农村公共事业持续发展

以推进城乡基本公共服务均等化为目标，国家持续加大对农村基础设施的投入力度，增加农村公共产品供给，农村公共事业持续平稳发展。

（一）农村交通条件继续改善

据交通部统计，2014年末全国农村公路（含县道、乡道、村道）里程388.16万公里，比上年末增加9.68万公里，其中村道222.45万公里，增加7.71万公里。全国通公路的乡（镇）占全国乡（镇）总数99.98%，其中通硬化路面的乡（镇）占全国乡（镇）总数98.08%，比上年末提高0.28个百分点；通公路的建制村占全国建制村总数 99.82%，其中通硬化路面的建制村占全国建制村总数 91.76%，比上年末提高 2.76 个百分点。

（二）农村教育发展加快

农村初中和小学师生比超过城镇。2014 年农村初中在校学生数为 748.5 万人，专任教师数为 68.5 万人，师生比（以教师数为 1）为 1 ∶ 10.9；城镇初中在校学生数为 3636.2 万人，专任教师数为 280.4 万人，师生比为 1 ∶ 13。2014 年农村小学在校学生数为 3049.9 万人，专任教师数为 211.6 万人，师生比为 1 ∶ 14.4；城镇小学在校学生数为 6401.2 万人，专任教师数为 351.8 万人，师生比为 1 ∶ 18.2。

（三）农村医疗卫生事业不断进步

2014 年农村医疗卫生资源增加，农村医疗卫生条件明显改善。

农村医疗卫生机构床位数增加。2014 年农村医疗卫生机构床位数达到 343.1 万张，比上年增长 6.1%；每千人医疗卫生机构床位数为 3.54 张，比上年增长 5.8%；每千农业人口乡镇卫生院床位数为 1.34 张，比上年增长 3.1%。

农村每千人拥有的卫生技术人员增加。2014 年农村每千人拥有卫生技术人员 3.77 人，比上年增长 3.7%；拥有执业（助理）医师 1.51 人，比上年增长 1.8%；拥有注册护士 1.31 人，比上年增长 7.1%。

乡镇卫生院床位数增加，服务能力提高。2014 年全国乡镇卫生院数为 36902 个，比上年略有下降，减少 0.3%。2014 年全国乡镇卫生院床位数为 116.7 万张，比上年增长 2.7%。

有村卫生室的行政村占比提高，村卫生室结构变动明显。2014 年有村卫生室的行政村占全部行政村的比重为 93.3%，比上年提高 0.3 个百分点。2014 年村办卫生室有 34.9 万个，占村卫生室的比重为 54.1%，占比比上年下降 3.2 个百分点；乡卫生院设点的村卫生室为 5.9 万个，占比为 9.2%，占比与上年基本持平；联合办的村卫生室为 2.9 万个，占比 4.5%，占比比上年下降 0.5 个百分点；私人办的村卫生室为 16.1 万个，占比为 24.9%，占比比上年提高 0.4 个百分点。

（四）农村社会保障不断发展

2014 年新型农村合作医疗参合率达到 98.9%，比上年提高 0.2 个百分点，比 2010 年提高 2.9 个百分点；新型农村合作医疗人均筹资额为 411 元，比上年增加 40 元，比 2010 年增加 255 元；新型农村合作医疗基金支出 2890 亿元，比 2010 年增加 1702 亿元；新型农村合作医疗补偿受益人次达到 16.5 亿人次，比 2010 年增加 5.6 亿人次。

2014 年农村居民最低生活保障 5207 万人，农村集中供养五保人数 174 万人，分散供养五保人数为 355 万人。

四、农业发展面临的挑战

（一）生产成本增加，农产品价格普遍高于国际市场

近年来农资价格处于较高水平，同时，农民工工资不断攀升，劳动力成本持续增长，从事农业生产的人力成本增加。另外，随着土地流转扩大，农村土地市场逐渐发育，农业用地的机会成本快速增长。主要农业生产要素价格上涨，推动农业生产进入高成本时代，成本“地板”抬升的挤压明显。农业生产高成本，必然要求提高农产品价格来弥补。为维护农民种粮收益和确保粮食安全，国家综合利用补贴和价格政策提高粮食价格，导致国内主要大宗产品价格高于国际市场。目前，我国粮食等主要农产品国内市场价格水平远远高于进口到岸价格，突破了价格“天花板”，使得我国农业国际竞争力下降。农业生产高成本和农产品高价格的双重挤压，进一步导致农业政策选择陷入“两难”境地：如果进一步提高农产品价格，农业竞争力将进一步下降，同时也给下游产业的发展带来严重压力；如果降低农产品价格，农业生产合理收益得不到满足，势必会影响国家粮食安全。

（二）农产品质量安全问题日益凸显

当前，我国农业发展仍处于改造传统农业、推进传统农业向现代农业转变的阶段。农业增长方式粗放，各种化学品过量不当使用现象比较普遍，畜禽水产养殖用药不规范和追求短期利益，农产品质量标准建设滞后，加之土壤、水资源污染严重，农产品质量安全问题日益凸显。另外，农产品种类繁多、生产周期长、生产环节多，在分散小规模农户生产处于主体模式下，推行农业标准化生产和建立农产品质量追溯体系的难度较大。近年先后发生的三聚氰胺奶粉、大米重金属超标、瘦肉精、毒韭菜等农产品质量安全事件，充分表明我国农产品质量安全问题不容忽视。

（三）农业基础设施薄弱，资源和环境约束强化

近年来，全球气候变化，我国自然灾害呈现频发多发态势，暴露出农业基础设施尤其是水利基础设施薄弱的问题，农业靠天吃饭的局面尚未得到根本改观。我国人均耕地面积不到世界平均水平的一半，后备土地资源不足，土地利用中水土流失严重、石漠化和荒漠化面积扩大。耕地质量较差，大约三分之二的耕地是中低产田。我国水资源严重不足，人均水资源不到世界平均水平的 30%，并且区域季节分布不均。农业用水量大，但有效利用率低。在工业化和城镇化过程中，工农争地争水矛盾突出。长期粗放型的经济增长方式，生态环境破坏，土壤和水资源污染严重，生态环境的承载能力下降。

五、转变农业发展方式是新常态下促进农业发展的必由之路

破解经济新常态下的农业发展难题，根本出路在于把主要依靠资源消耗单纯追求产量增长的粗放经营方式，转到数量质量效益并重的可持续集约发展轨道上来，走具有中国特色的产出高效、产品安全、资源节约、环境友好的现代农业发展道路。

（一）推动农业科技进步

破解环境资源约束、实现农业持续稳定发展和确保农产品有效供给，根本出路在科技。要把提高土地产出率、资源利用率和劳动生产率作为农业科技进步的主要目标，加强农业基础性、前沿性和公益性科技研究。要进一步完善农业科技推广应用体系，引导科研教育机构积极开展农技服务，加快培养农业科技人才，大力培训农村实用人才，提高农民科技应用能力。

（二）推动农业产业结构战略性调整

新常态下，推进农业产业结构战略性调整，不仅要注重调整产品结构，更要注重农业产业链条的延伸，推进农产品生产与加工、仓储、营销、物流、农业产业化经营、农村休闲旅游观光等二、三产业深度融合。要始终坚持以市场为导向，充分发挥市场机制在配置生产要素上的决定性作用，遵循价值规律，以提高经济效益为中心，促进农业产业结构优化升级，满足市场多层次的需求。对农产品市场进行调控应以市场供求对价格的决定作用为前提，尊重市场机制，时刻注意市场的变化，分析市场的动向，根据市场的需求来确定农业产业结构调整的方向、规模及内容。

（三）完善农产品价格形成机制

充分发挥市场在资源配置上的决定性作用，逐步完善农产品价格形成机制。2014 年国家在新疆开展棉花目标价格改革试点，在东北三省和内蒙古开展大豆目标价格改革试点，目的就是推进农产品价格逐步向市场均衡价格回归，发挥市场机制在价格形成上的决定性作用。要在总结试点经验的基础上，研究农产品目标价格体系的运行特点和规律，在确保农民利益的同时，建立完善的农产品价格形成机制。

（四）推进农业可持续发展

提高资源利用率，加大生态环境治理力度是推进农业可持续发展的根本途径。要控制农业用水总量，大力推广节水技术，提高农业用水效率。深入开展测土配方施肥，降低化肥施用量，推广生物有机肥，推进畜禽粪便资源化利用。降低农药的使用量，推广低毒低残留农药。对重金属污染耕地进行修复，防止污染面的进一步扩大。实施新一轮退耕还林还草工程，大力推进重大林业生态工程，加强天然森林资源保护，提高森林生态效益补偿标准。

（五）提高农产品质量安全

要以对人民生命健康负责的精神，切实提高农产品质量安全水平。一是要加强政府对农产品质量安全的监管，加强农产品质量检测、监督和认证。二是要加快农业标准化生产，建立健全涵盖农业生产的产前、产中、产后等各个环节的标准体系，建立农产品标准化生产示范区、无公害农产品示范基地，发挥其示范带动作用。三是建立全程可追溯、互联互享的农产品质量和食品安全信息平台。

（国家统计局农村司　汪传敬）

第二部分　全国农村贫困状况

2

党中央、国务院高度重视贫困人口生活改善，相继制定《中国农村扶贫开发纲要（2011-2020年）》、《关于打赢脱贫攻坚战的决定》等重大扶贫政策，并提出到2020年实现农村贫困人口全部脱贫的目标要求。据国家统计局对全国31个省（自治区、直辖市）16万户居民家庭的抽样调查，2014年全国农村贫困人口为7017万人，比2010年减少9550万人，下降57.6%；贫困发生率为7.2%，比2010年下降10个百分点。“十二五”时期全国农村反贫困成效十分显著，为下一阶段精准扶贫、精准脱贫战略的全面实施打下了坚实基础。

一、贫困标准

（一）贫困标准的历史演变

我国从上世纪八十年代开始大规模政府扶贫，先以满足基本生存需要为目的确定农村贫困标准，致力于解决生存贫困问题。2000年以来，随着综合国力的不断增强，政府对贫困地区和贫困人口的扶持力度不断加大，先后在2008年和2011年两次大幅度提高农村贫困标准，达到可满足健康生存需要的水平。因此，自1978年以来，我国共采用过三条贫困标准，分别是1978年标准、2008年标准和2010年标准，三条标准所代表的生活水平各不相同；同一标准在年度之间的变化主要体现的是物价水平的变化，所代表的实际生活水平基本相当。

（二）现行农村贫困标准更新方法

现行国家农村贫困标准为按2010年价格水平每人每年2300元。国家统计局每年根据农村贫困人口面对的物价对此标准进行更新，即用农村居民食品消费价格指数和农村居民消费价格指数进行加权更新。按此方法，2014年，农村贫困标准（当年价）达到每人每年2800元。

（三）现行农村贫困标准代表的生活水平

以 2014 年为例，在有基本住房的情况下，每人每年 2800 元的农村贫困标准中，实际食品支出比重为 53.5%，相当于人均每天食品消费支出 4.1 元。参考农村居民出售和购买产品综合平均价格推算，4.1元可以基本满足每天1斤米面（商品粮）、1斤菜、1 两肉或 1 个鸡蛋的基本食品消费需求。因此，在 2014 年，农村贫困标准中的食品支出可满足健康生存需要的热量和蛋白质需求，做到“吃饱，适当吃好”。同时，根据微观经济学效用理论推论，在此标准下的其他支出可满足与健康生存同等重要的非食品消费需要。因此，现有贫困标准是健康生存与保障义务教育、基本医疗和住房（三保障）共同实施的“不愁吃，不愁穿”的稳定温饱标准。

二、贫困人口规模和分布

（一）总规模

按现行国家农村贫困标准测算， 2010 年，全国农村贫困发生率为 17.2%，贫困人口规模为 1.66 亿人。2014 年，全国农村贫困发生率为 7.2%，贫困人口规模为 7017 万人。2011 年到 2014 年，全国农村贫困人口共减少 9550 万人，年均减贫人口规模 2388 万人；贫困发生率下降 10.0 个百分点，年均下降 2.5 个百分点。

表 2-1　2010-2014 年全国农村贫困状况

年份	贫困发生率（%）	贫困人口规模（万人）	比上年减少（万人）
2010	17.2	16567	--
2011	12.7	12238	4329
2012	10.2	9899	2339
2013	8.5	8249	1650
2014	7.2	7017	1232

数据来源：国家统计局住户收支与生活状况调查。

（二）地区分布

按现行国家农村贫困标准测算，2014 年，一半以上的农村贫困人口仍集中在西部地区①。具体来看，西部地区农村贫困人口 3600 万人，贫困发生率为 12.4%；中部地区农村贫困人口 2461 万人，贫困发生率为 7.5%；东部地区农村贫困人口 956 万人，贫困发生率为 2.7%。西部、中部、东部地区农村贫困人口占全国农村贫困人口的比

①西部地区包括内蒙古、广西、重庆、四川、贵州、云南、西藏、陕西、甘肃、青海、宁夏、新疆。
中部地区包括山西、吉林、黑龙江、安徽、江西、河南、湖北、湖南。
东部地区包括北京、天津、河北、辽宁、上海、江苏、浙江、福建、山东、广东、海南。

重分别为 51.3%，35.1% 和 13.6%。

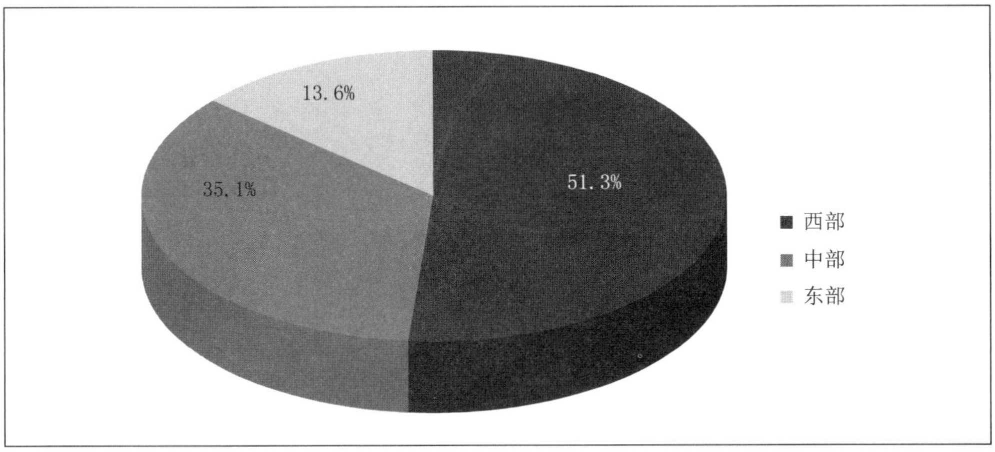

图 2-1 2014 年农村贫困人口的地区分布

数据来源：国家统计局住户收支与生活状况调查。

与 2010 年相比，2014 年西部地区农村贫困人口减少数量最多，但东部地区农村贫困人口下降速度最快。四年来，西部、中部、东部地区农村贫困人口分别减少 4829 万人、3090 万人和 1631 万人，分别减少 57.3%、55.7% 和 63%；贫困发生率分别下降 16.8、9.7 和 4.7 个百分点。2010 年西部地区农村贫困人口占全部农村贫困人口的比重为 50.9%，2014 年这一比重略有上升，为 51.3%。

（三）省际分布

从贫困人口规模看，2014 年，按照现行国家农村贫困标准测算，农村贫困人口仍在 500 万以上的省份有 6 个，包括河南、湖南、广西、四川、贵州、云南；在 300-500 万之间的有 4 个，包括河北、安徽、陕西、甘肃；在 100-300 万之间的有 7 个，包括山西、辽宁、江西、山东、湖北、重庆、新疆；100 万以下的有 14 个，包括北京、天津、内蒙古、吉林、黑龙江、上海、江苏、浙江、福建、广东、海南、西藏、青海、宁夏。

从贫困发生率看，贫困发生率在 15% 以上的省份有 5 个，包括贵州、云南、西藏、甘肃和新疆；在 10%-15% 之间的有 5 个，包括山西、广西、陕西、青海、宁夏；在 5%-10% 之间的有 13 个，包括河北、内蒙古、辽宁、吉林、黑龙江、安徽、江西、河南、湖北、湖南、海南、重庆、四川；在 5% 以下的有 8 个，包括北京、天津、上海、江苏、浙江、福建、山东、广东。

（四）群体分布

按照年龄分组看，老人和儿童贫困发生率高于其他年龄段人群。2014 年，按现行国家农村贫困标准测算，15 岁及以下儿童贫困发生率为 9.5%；60 岁以上老人贫困发生率为 9.3%，高于其他年龄段人群贫困发生率。

按照文化程度分组看，户主文化程度较低的群体，贫困发生率相对较高。2014 年，按现行国家农村贫困标准测算，户主文化程度为文盲的群体中贫困发生率为 14.5%，户主文化程度为小学的群体中贫困发生率为 10.7%，户主文化程度为初中的群体中贫困发生率为 5.7%，户主文化程度为高中的群体中贫困发生率为 4.7%。

三、收入及消费支出

（一）收入状况

2010 年以来，农村居民收入持续较快增长，2011-2014 年全国农村居民人均收入四年累计增长 67.3%，年均增长 13.7%；扣除价格因素影响，四年累计实际增长 47.3%，年均增长 10.2%。

2014 年农村居民收入继续保持较快增长，全国农村常住居民人均可支配收入 10489 元，比上年名义增长 11.2%，实际增长 9.2%。分来源看，第一，人均工资性收入名义增长 13.7%，主要是由于农民工工资保持较快增长；第二，人均经营净收入名义增长 7.7%。一是农产品价格和粮食产量总体有所上升，水果、蔬菜、药材等生产情况较好，但棉花量价齐跌，综合影响人均种植业收入增长。二是油价下跌以及化肥等农业生产资料价格的下降，降低了家庭生产经营成本。三是受猪肉、羊肉、奶、毛绒价格明显下跌的影响，人均牧业收入下降。第三，各地陆续提高农村低保、农村基本养老等社保标准，提高新农合报销范围和标准，进一步加大强农惠农政策力度，带动人均转移净收入增长 13.9%。第四，受利息、房屋出租、土地流转等收入增长带动，人均财产净收入增长 14.1%。

表 2-2 2014 年全国农村居民收入情况

指标名称	全国农村常住居民		农村贫困人口	
	水平（元）	结构（%）	水平（元）	结构（%）
人均可支配收入	10489	100	2561	100
1. 工资性收入	4152	39.6	822	32.1
2. 经营净收入	4237	40.4	1060	41.4
(1) 第一产业净收入	2999	28.6	1007	39.3
(2) 二三产业净收入	1239	11.8	53	2.1
3. 财产净收入	222	2.1	39	1.5
4. 转移净收入	1877	17.9	641	25.0

数据来源：国家统计局住户收支与生活状况调查。

农村贫困人口收入水平相当于农村常住居民收入水平的 24.4%。2014 年，全国农村贫困人口人均可支配收入 2561 元，不到农村常住居民收入水平的四分之一。从收入结构看，农村贫困人口收入更加依赖农业，2014 年，农村贫困人口收入来源中约四成来自于第一产业经营净收入。

（二）消费状况

2010 年以来农村居民消费支出保持较快增长，2011 年 -2014 年，农村居民人均消费支出四年累计增长 69.4%，年均增长 14.1%；扣除价格因素影响，四年累计实际增长 49%，年均增长 10.5%，快于农村居民人均收入增速。

2014 年农村居民消费支出实现较快增长，全国农村常住居民人均消费支出 8383 元，比上年名义增长 12.0%，剔除价格因素影响，实际增长 10.0%。分类别看，各项消费名义增长情况为，人均食品烟酒支出增长 10.2%；人均衣着支出增长 12.5%；人均居住支出增长 11.6%；人均生活用品及服务支出增长 11.3%；人均交通通信支出增长 15.7%；人均教育文化娱乐支出增长 13.9%；人均医疗保健支出增长 12.8%；人均其他用品和服务支出增长 13.0%。

表 2-3　2014 年全国农村居民消费支出情况

指标名称	全国农村常住居民		农村贫困人口	
	水平（元）	结构（%）	水平（元）	结构（%）
人均消费支出	8383	100.0	2527	100
1. 食品烟酒	2814	33.6	1172	46.4
2. 衣着	510	6.1	132	5.2
3. 居住	1763	21.0	660	26.1
4. 生活用品及服务	506	6.0	99	3.9
5. 交通通信	1013	12.1	175	6.9
6. 文教娱乐	860	10.3	133	5.2
7. 医疗保健	754	9.0	127	5
8. 其他用品和服务	163	1.9	30	1.2

数据来源：国家统计局住户收支与生活状况调查。

农村贫困人口消费支出水平相当于全国农村常住居民平均水平的 30.1%。2014 年全国农村贫困人口人均消费支出 2527 元，不到全国农村常住居民人均消费支出水平的三分之一。分项来看，农村贫困人口在除衣食住等基本生存消费以外的消费支出方面与全国农村常住居民平均水平的差距更为明显。2014 年农村贫困人口人均食品烟酒支出 1172 元，衣着支出 132 元，居住支出 660 元，分别相当于全国农村常住居民平均水平的 41.7%、25.9% 和 37.4%；人均生活用品及服务支出 99 元，交通通信支出 175 元，教育文化娱乐支出 133 元，医疗保健支出 127 元，分别相当于全国农村常住居民平均水平的 19.5%、17.3%、15.4% 和 16.8%。

从消费支出结构看，农村贫困人口七成以上的消费支出用于满足衣食住这些基本的生存需求，用于改善生活质量的其他各项消费支出较少。2014 年，农村贫困人口消费支出中，食品烟酒、衣着、居住三项合计所占比重为 77.7%。

从具体的食品消费支出项目看，农村贫困人口用于粮食的支出人均 336 元，用于蔬菜和食用菌的支出人均 135 元，用于肉禽蛋奶的支出人均 332 元，用于水产品的支出人均 23 元，用于在外饮食支出人均 24 元。在全部食品烟酒消费支出中，农村贫困人口粮食支出所占比重为 28.7%。

四、生产生活条件

（一）耐用消费品拥有量

2014 年全国农村地区每百户拥有耐用消费品数量继续增加。一是交通类耐用消费品拥有量较快增加。2014 年全国农村每百户拥有摩托车 67.6 辆，电动助力车 45.4 台，分别比上年增加 10.8% 和 12.7%；二是空调、计算机等普及度相对较低的新式家电拥有量较快增加。2014 年全国农村每百户拥有空调 34.2 台，热水器 48.2 台，排油烟机 13.9 台，计算机 23.5 台，分别比上年增加 14.8%、10.5%、12.3% 和 17.6%；三是彩色电视机等普及度相对较高的传统家电及移动电话拥有量小幅增加。2014 年全国农村每百户拥有洗衣机 74.8 台，电冰箱 77.6 台，彩色电视机 115.6 台，移动电话 215.0 台，分别比上年增加 5.1%、6.5%、2.4% 和 7.8%。

与全国农村平均水平相比，农村贫困人口在彩色电视机等传统家电与移动电话等常见交通通讯工具方面的拥有情况差距相对较小，在空调、热水器、计算机等方面的拥有情况差距相对较大。2014 年每百户农村贫困户拥有彩色电视机 99.9 台，移动电话 170.2 部，洗衣机 55.6 台，摩托车 46.3 辆，电冰箱 45.9 台，分别相当于农村平均水平的 86.4%、79.1%、74.3%、68.5% 和 59.2%；每百户拥有热水器 20.1 台，空调 7.6 台，计算机 5.1 台，排油烟机 1.9 台，分别相当于农村平均水平的 41.7%、22.1%、21.7% 和 13.8%。

表 2-4 2014 年每百户耐用消费品拥有量

指标名称	单位	全国农村	农村贫困人口
摩托车	辆	67.6	46.3
电动助力车	台	45.4	24.5
洗衣机	台	74.8	55.6
电冰箱（柜）	台	77.6	45.9
微波炉	台	14.7	5.5
彩色电视机	台	115.6	99.9
空调	台	34.2	7.6
热水器	台	48.2	20.1
排油烟机	台	13.9	1.9
移动电话	部	215.0	170.2
计算机	台	23.5	5.1

数据来源：国家统计局住户收支与生活状况调查。

（二）居住条件

从住房基础条件看，2014 年全国农村常住居民人均居住面积 42.5 平方米；居住在钢筋混凝土结构住房的农户比重为 10.8%，居住在砖混材料住房的农户比重为 45.9%，居住在砖瓦砖木住房的农户比重为 35.9%，居住在竹草土坯房的农户比重为 3.7%；住宅外道路为水泥或柏油路面的农户比重为 53.2%。2014 年农村贫困户人均居住面积 27.4 平方米；居住在钢筋混凝土结构住房的农户比重为 6.5%，居住在砖混材料住房的农户比重为 31.1%，居住在砖瓦砖木住房的农户比重为 46.0%，居住在竹草土坯房的农户比重为 7.1%；住宅外道路为水泥或柏油路面的农户比重为 40.6%。

从饮用水来源看，2014 年全国农村地区有 42% 的农户使用经过净化处理的自来水，有 33.2% 的农户使用受保护的井水和泉水。2014 年农村贫困户中有 30.3% 的农户使用经过净化处理的自来水，有 35.4% 的农户使用受保护的井水和泉水。

从卫生设备情况看，2014 年全国农村地区住宅内使用水冲式厕所的农户比重为 25.3%，使用卫生旱厕的农户比重为 13.2%，使用普通旱厕的农户比重为 58.1%，无厕所的农户比重为 3.4%。2014 年农村贫困户中住宅内使用水冲式厕所的农户比重为 9.2%，使用卫生旱厕的农户比重为 10.6%，使用普通旱厕的农户比重为 73.7%，无厕所的农户比重为 6.5%。

从炊事用能源情况看，2014 年全国农村地区有 47.1% 的户炊事用主要能源为柴草；农村贫困户中有 63.8% 的户炊事用主要能源为柴草。

表 2-5　2014 年居住条件

单位：%

指标名称	全国农村	农村贫困人口
人均居住面积（平方米）	42.5	27.4
按住房材料分的农户比重	100.0	100.0
1. 钢筋混凝土结构	10.8	6.5
2. 砖混材料	45.9	31.1
3. 砖瓦砖木	35.9	46.0
4. 竹草土坯	3.7	7.1
5. 其他	3.6	9.4
住宅外道路为水泥或柏油路面的农户比重	53.2	40.6
按饮用水来源分的农户比重	100.0	100.0
1. 经过净化处理的自来水	42.0	30.3
2. 受保护的井水和泉水	33.2	35.4
3. 不受保护的井水和泉水	18.7	21.0
4. 其他	6.1	13.3
按住宅内厕所类型分的农户比重	100.0	100.0
1. 水冲式厕所	25.3	9.2
2. 卫生旱厕	13.2	10.6
3. 普通旱厕	58.1	73.7
4. 无厕所	3.4	6.5
炊事用主要能源为柴草的农户比重	47.1	63.8

数据来源：国家统计局住户收支与生活状况调查。

（三）生产性固定资产拥有情况

2014 年全国农村地区每百户拥有大中型农用拖拉机 3.1 台，小型农用拖拉机 24.7 台，农用排灌动力机械 12.6 台，收割机 1.7 台，脱粒机 10.6 台。

2014 年每百户农村贫困户拥有大中型农用拖拉机 1.8 台，小型农用拖拉机 17.9 台，农用排灌动力机械 9.4 台，收割机 2.7 台，脱粒机 11.8 台。

表 2-6　2014 年百户生产性固定资产拥有情况

单位：台 / 百户

指标名称	全国农村	农村贫困人口
大中型农用拖拉机	3.1	1.8
小型农用拖拉机	24.7	17.9
农用排灌动力机械	12.6	9.4
收割机	1.7	2.7
脱粒机	10.6	11.8

数据来源：国家统计局住户收支与生活状况调查。

五、社区基础设施和基本公共服务

（一）四通情况

从“四通”覆盖面看，2014 年全国农村地区通公路的自然村比重为 99.7%，通电的自然村比重为 99.9%，通电话的自然村比重为 99.6%，能接收有线电视信号的自然村比重为 95.1%。

表 2-7　全国农村地区四通情况

单位：%

指标名称	2014 年
通公路的自然村比重	99.7
通电的自然村比重	99.9
通电话的自然村比重	99.6
能接收有线电视信号的自然村比重	95.1

数据来源：国家统计局住户收支与生活状况调查。

（二）卫生教育条件

从环境卫生条件看，2014 年全国农村地区有 46.7% 的自然村饮用水经过集中净化处理，53.8% 的自然村垃圾集中处理，74.9% 的自然村内主要道路路面为水泥或柏油路面。从医疗条件看，2014 年全国农村地区有 84.2% 的自然村有卫生站（室），87.5% 的行政村有拥有合法行医证的医生，18.4% 的行政村有合格接生员；从教育条件看，21.5% 的自然村存在上幼儿园或学前班不便利的问题，17.8% 的自然村存在上小学不便利的问题。

表 2-8 全国农村地区卫生教育条件

单位：%

指标名称	2014 年
饮用水经过集中净化处理的自然村比重	46.7
垃圾集中处理的自然村比重	53.8
社区内主要道路路面为水泥或柏油路面的自然村比重	74.9
有卫生站（室）的自然村比重	84.2
有拥有合法行医证的医生的行政村比重	87.5
有合格接生员的行政村比重	18.4
上幼儿园或学前班不便利的自然村比重	21.5
上小学不便利的自然村比重	17.8

数据来源：国家统计局住户收支与生活状况调查。

六、收入差距

（一）城乡居民间收入差距

2014 年，农村居民人均可支配收入增速为 11.2%，快于城镇居民收入增速 2.2 个百分点。按照城乡同口径人均可支配收入计算，2014 年城乡居民人均收入之比为 2.75：1，比上年下降 0.06。

（二）不同地区农村居民间收入差距

2014 年农村居民地区间收入差距缩小。分区域看，收入水平较低的中部、西部地区农村居民收入增速相对较快，收入水平较高的东部、东北地区农村居民收入增速相对较慢。中部、西部地区农村居民收入增速分别为 11.4% 和 11.5%，高于东部地区的 10.9% 和东北地区的 10.7%。东部地区与西部地区农村居民人均收入之比为 1.58：1，与中部地区农村居民人均收入之比为 1.31：1，东部与西部、中部地区收入之比比上年均下降 0.01。

表 2-9　2014 年分区域农村居民人均可支配收入情况

区域	绝对值（元）	名义增速（%）
全国	10489	11.2
东部	13145	10.9
中部	10011	11.4
西部	8295	11.5
东北	10802	10.7

数据来源：国家统计局住户收支与生活状况调查。

（三）农村居民高低收入组收入差距

2014 年农村居民高低收入组的差距扩大。按人均可支配收入从低到高进行五等份分组，全国农村居民低收入组居民收入下降 3.8%，中等偏下、中等、中等偏上和高收入组四组居民收入增速分别为 10.7%，12.6%，13.8% 和 12.3%。全国农村居民高、低收入组人均可支配收入之比为 8.65：1，比上年上升 1.24。低收入组收入下降主要是由于生猪、棉花等部分农产品价格波动较大造成部分经营户亏损。

表 2-10　2014 年全国农村居民人均可支配收入分组情况

组别		绝对值（元）	名义增速（%）
平均数	合计	10489	11.2
	低收入组	2768	-3.8
	中等偏下组	6604	10.7
	中等收入组	9504	12.6
	中等偏上组	13449	13.8
	高收入组	23947	12.3
中位数		9497	12.7

数据来源：国家统计局住户收支与生活状况调查。

（国家统计局住户办　连佳佳）

第三部分：贫困地区农村贫困状况

3

《中国农村扶贫开发纲要（2011-2020年）》实施以来，中央和地方各级政府不断加大扶贫开发工作力度，创新扶贫机制，实施精准扶贫战略，加强财政投入保障。贫困地区（包括14个集中连片特殊困难地区和592个国家扶贫开发工作重点县）扶贫开发事业取得显著成就，农村居民收入增速高于全国农村平均水平，贫困人口稳步下降，基本公共服务与较发达地区的差距不断缩小。

一、经济运行情况

（一）地区生产总值增长与结构

贫困地区地区生产总值实现较快增长。2011-2013年贫困地区地区生产总值分别为3.7万亿、4.2万亿和4.8万亿，2012年、2013年按现价计算分别比上年增长16%和12.4%，平均增速为14.2%。

2013年贫困地区地区生产总值增速明显高于全国国内生产总值增速。其中，第

图3-1 2011-2013年贫困地区三大产业增长情况

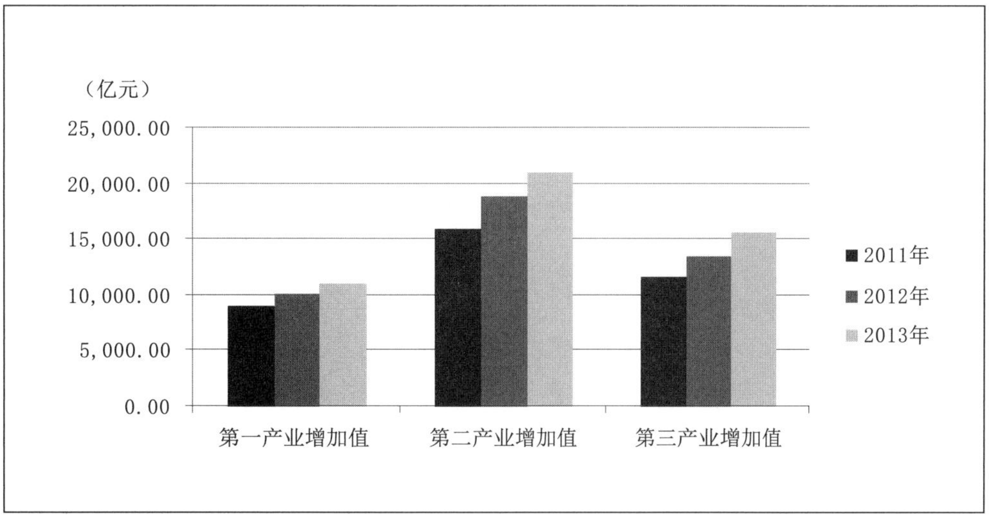

数据来源：国家统计局县（市）社会经济基本情况统计。

一产业增加值 1.1 万亿元，增长 8.9%；第二产业增加值 2.1 万亿元，增长 12.1%；第三产业增加值 1.6 万亿元，增长 15.5%。2013 年贫困地区第一产业、第二产业、第三产业增加值占地区生产总值的比重分别为 23.3%、44.1% 和 32.6%。与 2011 年相比，第一产业增加值占比下降 1.2 个百分点；第二产业增加值占比上升 0.4 个百分点；第三产业增加值占比上升 0.8 个百分点。

（二）财政金融

公共财政收入增速快于财政支出。2013 年贫困地区实现公共财政收入 2987 亿元，比上年增长 27.4%；公共财政支出 1.46 万亿，比上年增长 12.2%。财政转移支付力度逐步加大。2011-2013 年，贫困地区公共财政收入年均增长 27.7%，财政支出年均增长 18.4%。公共财政收入增速比财政支出增速高 9.3 个百分点。

金融机构存贷款平稳增长。2013 年年末贫困地区金融机构各项存款余额达到 5.18 万亿，较上年增长 14.9%；居民储蓄存款余额 3.37 万亿，较上年增长 17.3%。年末金融机构贷款余额 2.59 万亿，较上年增长 23.8%。

二、贫困变化

（一）贫困人口规模

按现行国家贫困标准（每人每年 2300 元，2010 年不变价）测算，2014 年贫困地区农村贫困人口 4317 万人，比上年减少 753 万人，下降 14.8%；贫困发生率 16.6%，比上年下降 2.7 个百分点。占全国农村贫困人口的比重为 61.5%；贫困发生率比全国农村平均水平高 9.4 个百分点。

表 3-1　2012-2014 年贫困地区农村贫困状况

地区	农村贫困人口（万人）			农村贫困发生率（%）		
	2012 年	2013 年	2014 年	2012 年	2013 年	2014 年
贫困地区	6039	5070	4317	23.2	19.3	16.6
#东部	364	313	277	23.2	20.0	18.9
中部	2097	1755	1482	20.6	16.9	14.3
西部	3579	3002	2558	25.0	21.0	18.0

数据来源：国家统计局农村贫困监测调查。

（二）贫困人口分布

2014 年贫困地区农村贫困人口在 500 万人以上的省份有 2 个，分别是贵州 545 万人、云南 536 万人；在 300 万人 -400 万人的省份有 3 个，分别是甘肃 381 万人、湖南 343 万人、河南 328 万人；贫困人口在 200 万人 -300 万人的省份有 4 个，分别是四川 273 万人、河北 265 万人、安徽 252 万人、陕西 227 万人；贫困人口在 100

万人-200万人的省份有5个，分别是湖北180万人、江西176万人、广西164万人、新疆111万人、山西107万人；贫困人口在100万人以下的省份有8个，分别是内蒙古95万人、重庆83万人、黑龙江82万人、西藏61万人、青海52万人、宁夏30万人、吉林14万人、海南12万人。

（三）贫困程度

2014年贫困地区农村贫困发生率在20%以上的省份有3个，分别是西藏23.7%、甘肃23.4%、云南20.3%；贫困发生率在15-20%的省份有10个，分别是贵州19%、河北19%、山西18.9%、新疆18.7%、湖南18.3%、陕西17.2%、四川16.3%、海南15.9%、广西15.7%、黑龙江15.5%；贫困发生率在10%-15%的省份有8个，分别是湖北14.9%、江西14.9%、宁夏14.4%、青海14.1%、内蒙古13.4%、安徽12.9%、吉林12.9%、河南11.3%；贫困发生率在10%以下的省份有1个，重庆9.7%。

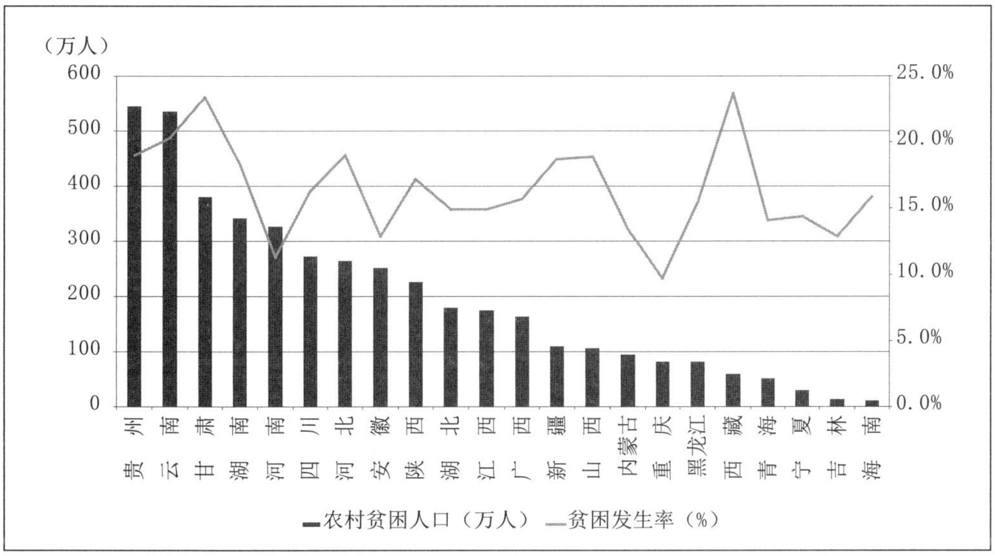

图3-2 贫困地区分地区贫困人口和贫困发生率

数据来源：国家统计局农村贫困监测调查。

（四）减贫规模

贫困地区农村贫困人口由2012年的6039万下降至2014年的4317万，累计下降1722万人，平均每年贫困人口减少861万。两年来，贫困地区农村贫困人口减少占全国农村贫困人口减少的比重为59.8%。

三、农村居民收入

（一）农村居民收入增速

贫困地区农村居民收入增速快于全国农村平均水平，与全国农村平均水平差距缩小。2014年，贫困地区农村居民人均收入占全国农村居民人均收入的比重比2012年上升3.1个百分点。

2013-2014 年贫困地区农村居民人均收入累计增长 31.5%，年均名义增长 14.7%，扣除价格因素，年均实际增长 12.1%，比全国农村平均水平高 1.6 个百分点。

2014 年贫困地区农村居民人均可支配收入 6852 元，比上年增加 773 元，增长 12.7%，扣除价格因素，实际增长 10.7%，增速高于全国农村平均水平 1.5 个百分点。贫困地区农村居民人均可支配收入达到全国农村居民人均水平的 65.3%，比上年提高 0.9 个百分点。

（二）农村居民收入结构

2014 年贫困地区农村居民人均可支配收入中，工资性收入、经营净收入、财产净收入、转移净收入分别为 2240 元、3033 元、81 元和 1497 元，占可支配收入的比重分别为 32.7%、44.3%、1.2% 和 21.8%。

图 3-3 2014 年贫困地区农村居民收入结构

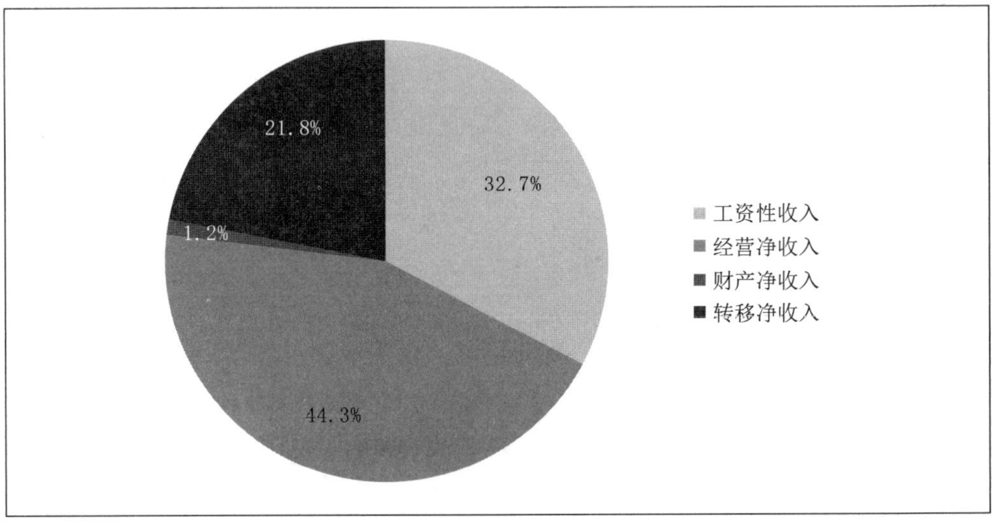

数据来源：国家统计局贫困监测调查。

与全国农村平均水平对比，贫困地区农村居民工资性收入占比低 6.9 个百分点，经营净收入占比高 3.9 个百分点，财产净收入低 0.9 个百分点，转移净收入高 4.0 个百分点。

图 3-4 2014 年贫困地区和全国农村分项收入对比表

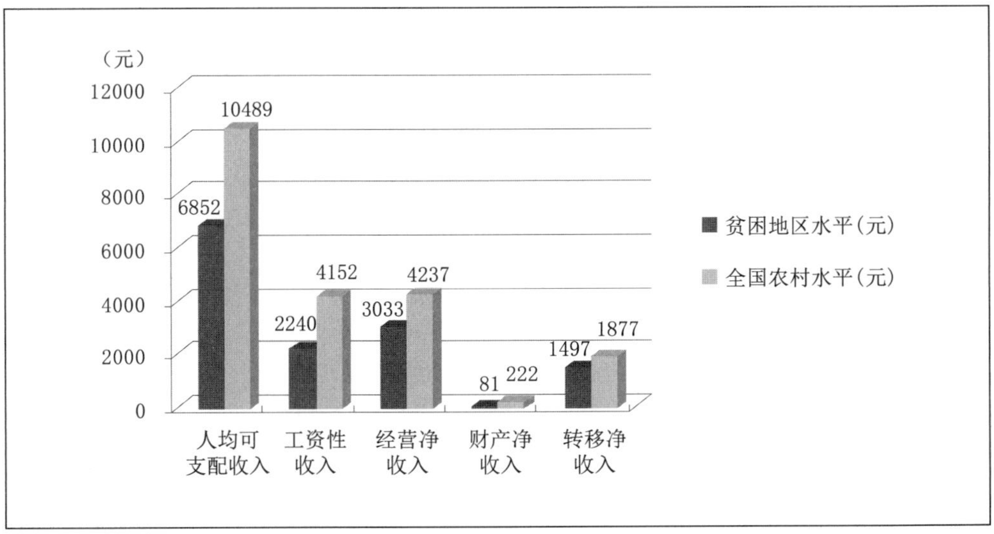

数据来源：国家统计局居民收支与生活状况调查、农村贫困监测调查。

（三）贫困地区分项收入增长情况

从分项收入来看，2014 年贫困地区农村居民人均工资性收入为全国农村平均水平的 53.9%，人均经营净收入为全国农村平均水平的 71.6%，人均财产净收入为全国农村平均水平的 36.5%，人均转移净收入为全国农村平均水平的 79.8%。

表 3-2　2014 年贫困地区与全国农村居民人均收入对比

指标名称	贫困地区水平（元）	全国农村水平（元）	贫困地区相当于全国农村平均水平（%）	贫困地区收入构成（%）	全国农村收入构成（%）	贫困地区增速（%）	全国农村增速（%）
人均可支配收入	6852	10489	65.3	100.0	100.0	12.7	11.2
1. 工资性收入	2240	4152	53.9	32.7	39.6	16.7	13.7
2. 经营净收入	3033	4237	71.6	44.3	40.4	8.8	7.7
3. 财产净收入	81	222	36.5	1.2	2.1	29.9	14.1
4. 转移净收入	1497	1877	79.8	21.8	17.9	14.4	13.9

数据来源：国家统计局住户收支与生活状况调查、农村贫困监测调查。

四、农村居民消费

（一）农村居民消费支出增长

2014 年贫困地区农村居民人均消费支出 6007 元，比上年增长 11.2%，扣除价格因素，实际增长 9.2%。贫困地区农村居民人均消费支出达到全国农村居民人均消费支出的 71.7%。

2013-2014 年贫困地区农村居民人均消费累计增长 27.8%，年均名义增长 13.0%，扣除价格因素，年均实际增长 10.5%，高于全国农村平均水平 1 个百分点。

（二）农村居民消费结构

2014 年贫困地区农村居民消费支出中，人均食品支出 2197 元、衣着支出 370 元、居住支出 1244 元、生活用品及服务支出 382 元、交通通信支出 615 元、教育文化娱乐支出 590 元、医疗保健支出 511 元、其他商品和服务支出 99 元，占消费支出的比重分别为：36.6%、6.2%、20.7%、6.4%、10.2%、9.8%、8.5% 和 1.6%。其中，贫困地区农村居民食品占消费支出的比重比全国农村平均水平高 3 个百分点。

图 3-5 2014 年贫困地区农村居民消费支出结构

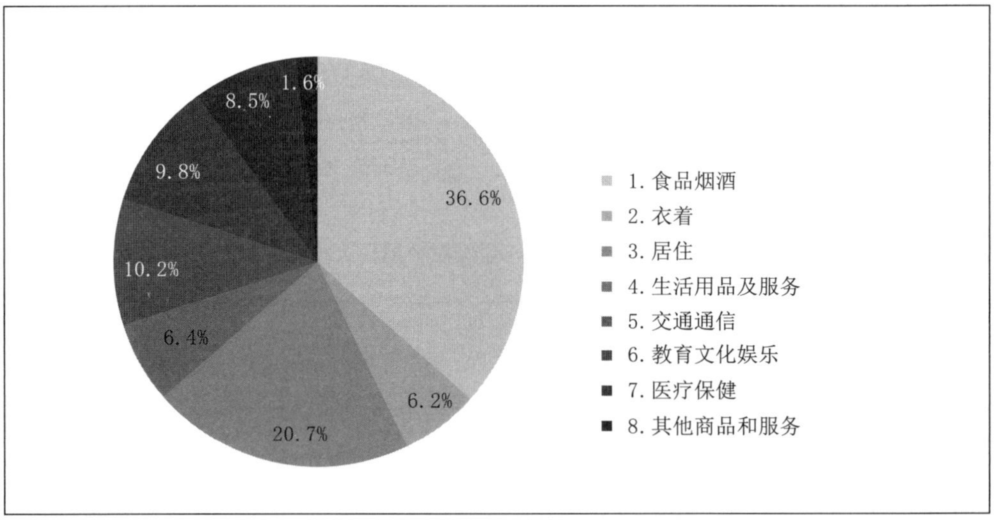

数据来源：国家统计局农村贫困监测调查。

（三）贫困地区农村居民消费与全国农村居民对比

2014 年贫困地区食品烟酒支出为全国农村平均水平的 78.1%；衣着支出为全国农村平均水平的 72.5%；居住支出为全国农村平均水平 70.6%；生活用品及服务支出为全国农村平均水平的 75.5%；交通通信支出为全国农村平均水平的 60.7%；教育文化娱乐支出为全国农村平均水平的 68.6%；医疗保健为全国农村平均水平的 67.8%；其他用品和服务支出为全国农村平均水平的 60.7%。

表 3-3 2014 年贫困地区与全国农村居民人均消费水平和结构对比

指标名称	贫困地区人均消费支出（元）	全国农村人均消费支出（元）	贫困地区相当于全国农村平均水平（%）	贫困地区地区消费构成（%）	全国农村居民消费构成（%）
人均消费支出	6007	8383	71.7	100.0	100.0
1. 食品烟酒	2197	2814	78.1	36.6	33.6
2. 衣着	370	510	72.5	6.2	6.1
3. 居住	1244	1763	70.6	20.7	21.0
4. 生活用品及服务	382	506	75.5	6.4	6.0
5. 交通通信	615	1013	60.7	10.2	12.1
6. 教育文化娱乐	590	860	68.6	9.8	10.3
7. 医疗保健	511	754	67.8	8.5	9.0
8. 其他用品和服务	99	163	60.7	1.6	1.9

数据来源：国家统计局农村贫困监测调查、住户收支与生活状况调查。

五、高低收入组收入差距

高收入组人均可支配收入是低收入组的 6.8 倍。2014 年，将农户按照人均可支配收入从高到低排队，贫困地区高收入组、中高收入组、中等收入组、中低收入组、低收入组农村居民人均可支配收入分别为 13753 元、8082 元、6023 元、4386 元和 2013 元。

表 3-4　2014 年贫困地区农户按人均可支配收入五等份分组收入情况

指标名称	合计	低收入组（元）	中低收入组（元）	中等收入组（元）	中高收入组（元）	高收入组（元）
可支配收入	6852	2013	4386	6023	8082	13753
1. 工资性收入	2240	860	1547	2098	2735	3961
2. 经营净收入	3033	586	1898	2570	3510	6600
3. 财产净收入	81	26	37	55	89	199
4. 转移净收入	1497	542	905	1300	1748	2992

数据来源：国家统计局农村贫困监测调查。

高低收入组的差距有所扩大。与 2013 年相比，贫困地区农村居民高低收入组的收入差距由 6.27 扩大到 6.83，扩大了 0.56。高低收入组收入差距的扩大主要是收入增速不同造成的。2014 年贫困地区低收入组农村居民人均可支配收入增长 3.9%，中低收入组农村居民人均可支配收入增长 11.7%，中等收入组增长 13.5%，中高收入组增长 14.3%，高收入组增长 13.2%。低收入组增速较低，主要是由于部分经营户当年亏损。

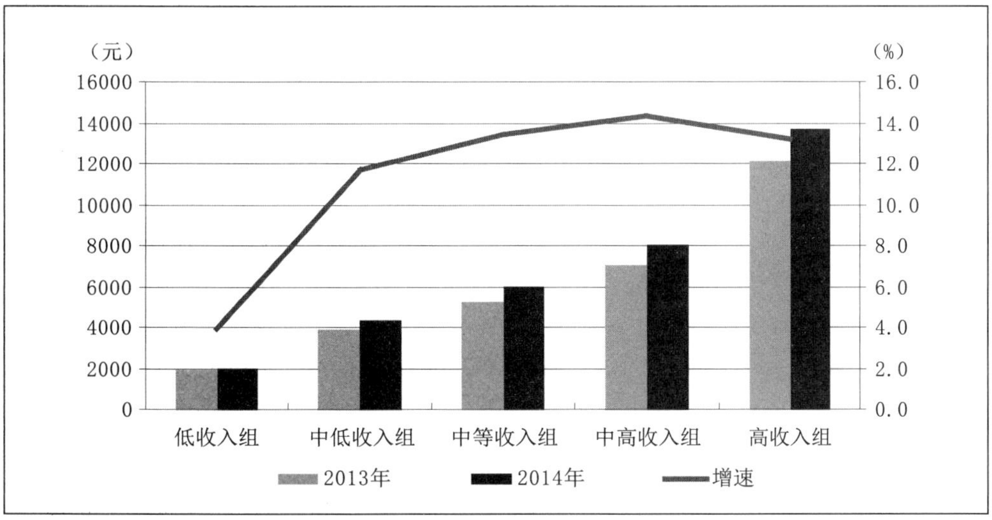

图 3-6　2013-2014 年贫困地区按人均可支配收入五等份分组收入及增长情况

数据来源：国家统计局农村贫困监测调查。

六、农户生活条件

（一）住房条件

贫困地区住房条件不断改善。2014 年贫困地区农村居民住房建筑面积户均为 126.8 平方米。居住在钢筋混凝土结构住房的农户比重为 10.8%，居住砖混材料住房的农户比重为 37.8%，居住砖瓦砖木住房的农户比重为 38.1%，居住竹草土坯房的农户比重为 6.6%。与 2012 年相比，居住竹草土坯房的农户比重下降 1.2 个百分点。2014 年，贫困地区农户中，住宅外道路为水泥或柏油路面的比重为 43.3%，为沙石或石板等硬质路面的比重为 22.8%，为其他路面的占 33.9%。

2014 年贫困地区农村居民户均住房建筑面积比全国农村平均水平低 11.3 平方米；居住竹草土坯房的农户比重比全国农村平均水平高 2.9 个百分点；住宅外道路为水泥或柏油路面的农户比重比全国农村平均水平低 9.9 个百分点。

（二）饮用水

饮水困难有所缓解。2014 年，贫困地区 82.3% 的农户不存在饮水困难，3.8% 的农户单次取水往返时间超过半小时，6.5% 的农户存在间断或定时供水，7.4% 的农户当年连续缺水时间超过 15 天。与 2013 年相比，饮水无困难的农户比重提高了 1.3 个百分点。

饮水质量提高。2014 年，贫困地区 59.2% 的农户使用管道供水，40.8% 的农户没有管道设施。饮水来源中，33.1% 的农户使用经过净化处理的自来水，40.7% 的农户使用受保护的井水和泉水，17% 的农户使用不受保护的井水和泉水，1.8% 的农户使用江河湖泊水，2.1% 的农户使用收集的雨水，0.3% 使用桶装水，4.9% 使用其他水源。91% 的农户在饮水之前采取煮沸、消毒、过滤等处理措施，与 2012 年相比，提高 14 个百分点。

（三）厕所

无厕所的农户比重明显下降。2014 年，贫困地区使用水冲式厕所的农户比重为 14.3%，使用卫生旱厕的农户比重为 10.7%，使用普通旱厕的农户比重为 72.2%，无厕所的比重为 2.8%。与 2012 年相比，无厕所的农户比重下降了 2.6 个百分点。

（四）炊用燃料

一半以上农户使用柴草作为主要炊用燃料。2014 年，贫困地区 57.8% 的农户使用柴草为主要炊用燃料，17.1% 的农户使用煤炭，14.5% 的农户使用电，7.9% 的农户使用灌装液化石油气。与 2012 年相比，使用柴草的农户比重下降 3.3 个百分点。

（五）耐用消费品拥有量

耐用消费品拥有情况明显改善。2014 年，贫困地区每百户汽车拥有量为 6.7 辆，比 2012 年增加 4 辆；百户洗衣机拥有量 71.1 台，比 2012 年增加 18.8 台；百户电冰箱拥有量 60.9 台，比 2012 年增加 13.4 台；百户移动电话拥有量 194.8 部，比

2012 年增加 36.5 部；百户计算机拥有量 11.1 台，比 2012 年增加 5.7 台。

表 3-5　2012-2014 年贫困地区农村居民每百户耐用消费品拥有量

指标名称	单位	2012 年	2013 年	2014 年
1. 汽车	辆	2.7	5.5	6.7
2. 洗衣机	台	52.3	65.8	71.1
3. 电冰箱	台	47.5	52.6	60.9
4. 移动电话	部	158.3	172.9	194.8
5. 计算机	台	5.4	7.9	11.1

数据来源：国家统计局农村贫困监测调查。

七、农村基础设施

（一）自然村通达情况

基础设施持续改善。2014 年，贫困地区通电的自然村比重达到 99.5%，比 2012 年提高 1 个百分点；通电话的自然村比重为 95.2%，比 2012 年提高 1.9 个百分点；通有线电视信号的自然村比重为 75%，比 2012 年提高 6 个百分点；通宽带的自然村比重为 48%，比 2012 年提高 9.7 个百分点。2014 年，贫困地区主干道路经过硬化处理的自然村比重为 64.7%，比上年提高 4.8 个百分点。通客运班车的自然村比重为 42.7%，比上年提高 3.9 个百分点。

（二）行政村文化教育卫生机构拥有比重

2014 年，贫困地区行政村中，有文化活动室的比重为 81.5%，比 2012 年提高 7 个百分点；有卫生站的比重为 94.1%，比 2012 年提高 7.3 个百分点；拥有合法行医证医生的比重为 90.9%，比 2012 年提高 7.5 个百分点；有幼儿园或学前班的比重为 54.7%，比 2012 年提高 11.5 个百分点；有小学且就学便利的比重为 61.4%，比 2012 年提高 3.3 个百分点。

（三）乡镇基础设施

2014 年，贫困地区有综合文化站的乡镇占 97.2%，比 2012 年提高 10.2 个百分点；有政府办卫生院的乡镇比重为 98.2%，比 2012 年提高 6.1 个百分点；有全科医生的乡镇比重为 83.2%，比 2012 年提高 14.2 个百分点。

八、农村居民医疗健康

（一）健康及就医

2014 年，贫困地区农村居民中，身体状况为健康的人数占 89.7%，体弱多病占 6.3%，长期慢性病占 3.4%，患有大病占 0.6%。生病之后，能及时就医的比重为 94.4%。在不能及时就医的主要原因中，经济困难和医院距离太远所占比重分别为16.5%和75.4%。

（二）残疾状况

2014年，贫困地区农村居民中3.7%存在身体不同部位的残疾。其中，肢体残疾占1.1%，视力残疾占0.8%，听力残疾占0.3%。

（三）预防接种

2014年，贫困地区5岁以下儿童中，98.8%接受免费计划免疫。

九、劳动力就业及外出从业

（一）劳动力比重

2014年贫困地区农村劳动力占全部人口的比重为66.2%，比2012年下降3.1个百分点。

（二）劳动力文化程度

2014年贫困地区劳动力中，不识字或识字不多所占比重为8.7%，小学文化程度占35%，初中占45.7%，高中及以上文化程度占10.5%。

不同产业劳动力中，文化程度分布也不同。在第一产业劳动力中，不识字或识字不多所占比重为10.3%，比第二产业、第三产业分别高7.5个百分点、7.8个百分点。在第三产业劳动力中，高中及以上文化程度所占比重为25.5%，比第一产业、第二产业分别高18.3个百分点和13.9个百分点。

2014年贫困地区劳动力中，受过非农技能培训的劳动力占全部劳动力的比重为37.4%。

表3-6　2014年从事不同产业劳动力文化程度情况

单位：%

文化程度	第一产业	第二产业	第三产业
1. 不识字或识字不多	10.3	2.8	2.5
2. 小学	40.5	24.7	19.1
3. 初中	42.0	60.9	52.9
4. 高中及以上	7.2	11.6	25.5

数据来源：国家统计局农村贫困监测调查。

（三）劳动力外出就业情况

贫困地区农村外出劳动力中，6.5%从事第一产业，65%从事第二产业，28.5%从事第三产业。近七成外出劳动力当年外出时间超出半年，30.2%外出劳动力外出时间在半年之内。

贫困地区农村劳动力外出主要以自发和亲戚朋友介绍为主，2014年，以自发形式外出的劳动力占全部外出劳动力的比重为 55.1%，亲戚朋友介绍外出占 39.4%。劳动力外出地区中，县内乡外占 26.3%，省内县外占 29.8%，省外占 43.8%。

十、儿童就学及营养

（一）在校就读情况

2014 年，贫困地区农村 7-12 岁儿童中，在校就读的比重为 97.3%；13-15 岁儿童中，在校就读的比重为 97.6%；3-6 岁儿童中在幼儿园的比重占 72.5%。

16 岁以下儿童中，中途辍学的比例为 0.3%。主要原因是孩子个人因素的占 74.9%；家庭经济困难或缺少劳动力的占 8.2%；学校距离太远交通不便的占 2.5%；其他原因的占 14.4%。在中途辍学儿童中，小学阶段辍学的儿童占 21.8%，初中阶段占 63.5%，高中阶段占 14.7%。

（二）学生住家离学校的距离

2014 年，贫困地区农村被调查的 16 岁以下儿童中，小学阶段住家离学校的距离在 2 公里以内的占 55.5%，在 2-5 公里的占 31.7%，在 5 公里以上的占 12.8%。初中阶段住家离学校在 2 公里以内的占 31.6%，在 2-5 公里的占 35.2%，在 5 公里以上的占 33.2%。

（三）儿童生活营养状况

2014 年，参加调查的 3 岁以下儿童中，出生体重在 5 斤以内的占 5.9%，5-8 斤占 78.9%，8 斤以上占 10.7%；孩子主要由父母养育，其中由母亲养育的占 83.8%，由父亲养育的占 3.2%，由奶奶或外祖母养育的占 12.5%。3 岁以下儿童 84.6% 喂过母乳；94.4% 在出生 24 小时内接种乙肝疫苗；97.7% 拥有预防接种证。

16 岁以下儿童中，和父母共同居住的占 56.8%，和父亲一起居住的占 3.1%，和母亲一起居住的占 12.6%，和（外）祖父母共同居住的占 12.2%。

十一、性别平等

（一）在校情况

在义务教育阶段，女童受教育的权益得到有效保障。2014 年，贫困地区农村 7-12 岁女童在校率为 97.4%，13-15 岁女童在校率为 97.7%，相同年龄段男童在校率分别为 97.1% 和 97.5%。

（二）就业

八成以上女性劳动力在第一产业就业。2014 年，贫困地区农村女性劳动力在第一产业就业的比重为 81.6%，比男性劳动力在第一产业就业比重高 20.8 个百分点；在第二产业就业的女性劳动力比重为 7.6%，比男性劳动力低 15.7 个百分点；在第三产业就业的女性劳动力比重为 10.8%，比男性劳动力低 5.1 个百分点。

图 3-7　2014 年贫困地区女性劳动力三大产业就业分布

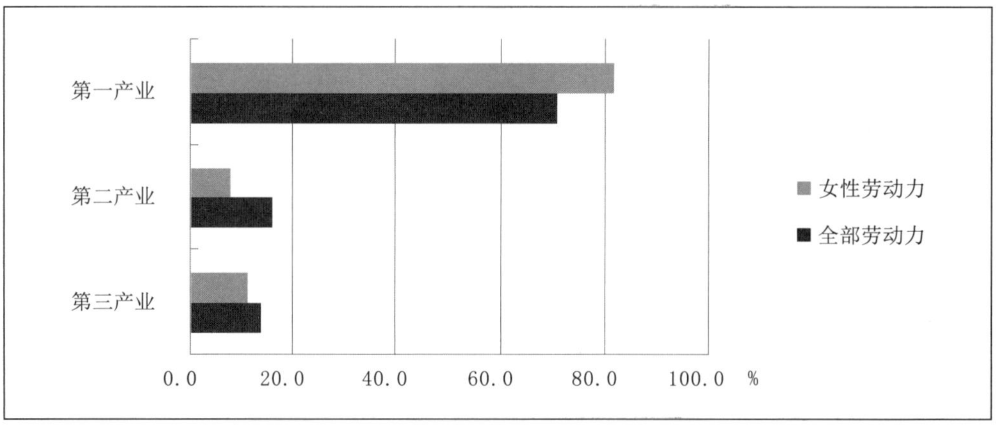

数据来源：国家统计局农村贫困监测调查。

（三）文化程度

女性劳动力高中以上文化程度占比不足一成。2014 年贫困地区女性劳动力中，高中以上文化程度所占比重为 7.5%，初中文化程度占 40.6%，小学文化程度为 39.2%，不识字或识字不多的比重为 12.7%。

表 3-7　2014 年贫困地区劳动力文化程度分布

单位：%

劳动力文化程度	女性劳动力	男性劳动力	全部劳动力
1. 不识字或识字不多	12.7	4.8	8.7
2. 小学	39.2	31.1	35.0
3. 初中	40.6	50.7	45.7
4. 高中及中专	5.5	10.5	8.0
5. 大专及以上	2.0	3.0	2.5

数据来源：国家统计局农村贫困监测调查。

图 3-8　2014 年贫困地区女性劳动力与全部劳动力文化程度对比

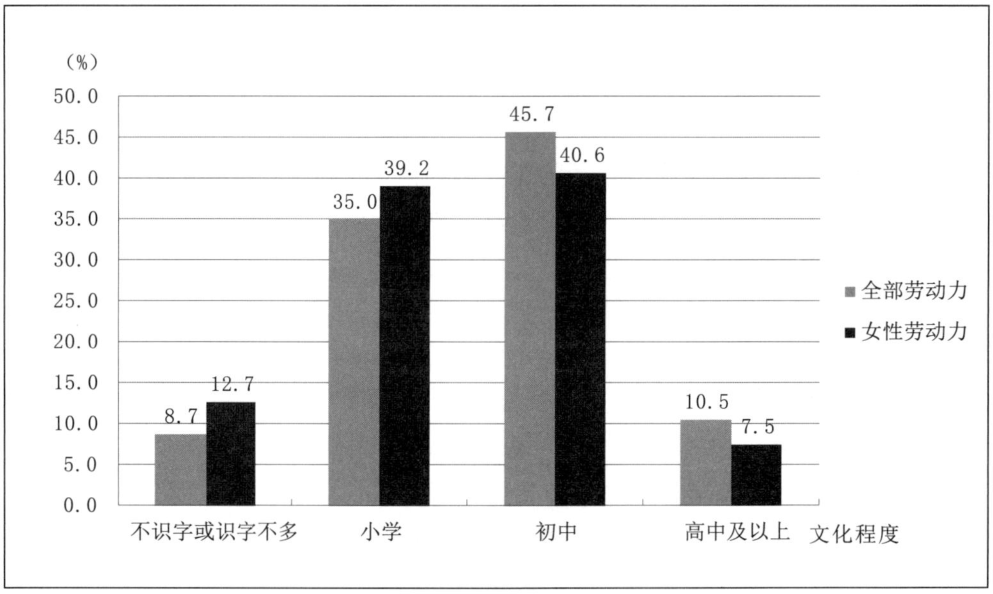

数据来源：国家统计局农村贫困监测调查。

（四）外出就业情况

2014 年贫困地区农村女性劳动力外出就业主要集中在以下几个行业，包括制造业、建筑业、批发零售业、居民服务业和农业，所占比重分别为：29.7%、21.4%、12.5、10.5% 和 8.5%。男性劳动力主要集中在建筑业、制造业、居民服务业，所占比重分别为 48%、17% 和 7.8%。从贫困地区全部外出劳动力的分布来看，建筑业占 40.4%，制造业占 20.6%，居民服务业占 8.6%。

女性劳动力到省外就业的比重占 48.3%，比男性劳动力高 6.3 个百分点。从外出方式来看，女性劳动力外出以自发和亲戚朋友介绍为主，占比为 94.8%，与男性劳动力基本一致。

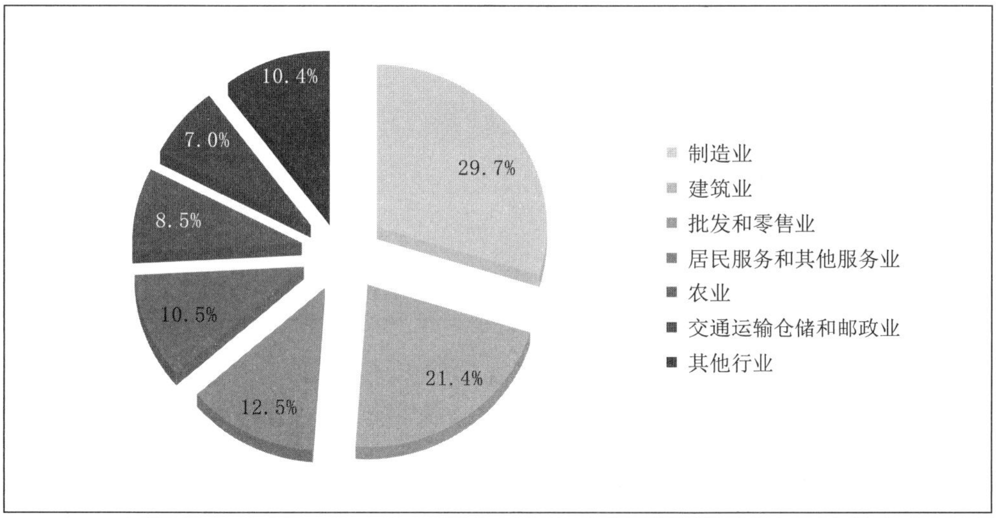

图 3-9 2014 年贫困地区女性劳动力外出就业行业分布

数据来源：国家统计局农村贫困监测调查。

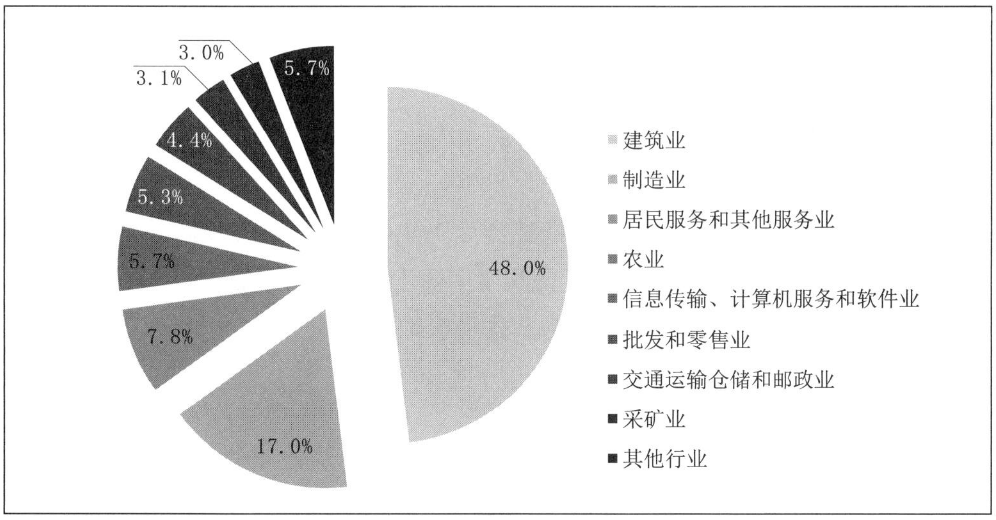

图 3-10 2014 年贫困地区男性劳动力外出就业行业分布

数据来源：国家统计局农村贫困监测调查。

十二、灾害分布

（一）自然灾害

近七成行政村经历自然灾害。据农村贫困监测调查，2014 年贫困地区 67.4% 的村经历了自然灾害，主要以旱灾、水灾、植物病虫害为主，分别占 35%、15.2% 和 6.2%；32.4% 的村没有经历灾害。

图 3-11　2014 年贫困地区行政村经历自然灾害的比重

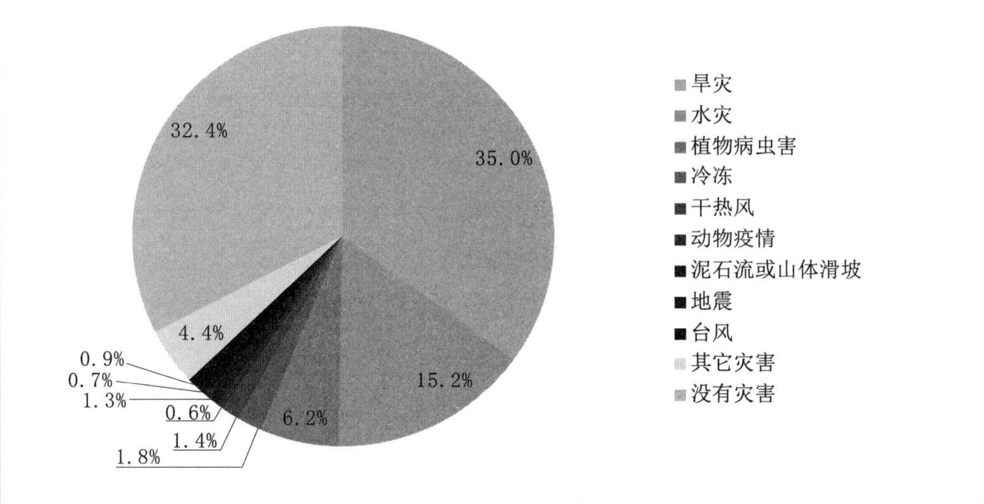

数据来源：国家统计局农村贫困监测调查。

（二）地方病

一成以上的行政村有地方病。2014 年，贫困地区农村中 84.5% 的村不存在地方病，6.3% 的村存在肺结核，1% 的村存在大骨节病，0.9% 的村存在地方氟中毒，0.7% 的村存在布氏杆菌病，0.7% 的村存在血吸虫病。

十三、扶贫资金使用

（一）县级扶贫资金来源[①]

2014 年，贫困地区县级扶贫资金共 1420.9 亿元，其中，中央扶贫贴息贷款累计发放 153.3 亿元，中央财政专项扶贫资金 379.0 亿元，中央专项退耕还林还草工程补贴 66.7 亿元，中央拨付的低保资金 263.7 亿元，省级财政安排的扶贫资金 125.2 亿元，国际资金 3.6 亿元，其他资金 429.5 亿元。

① 县级扶贫资金来源相关数据由各县填报。

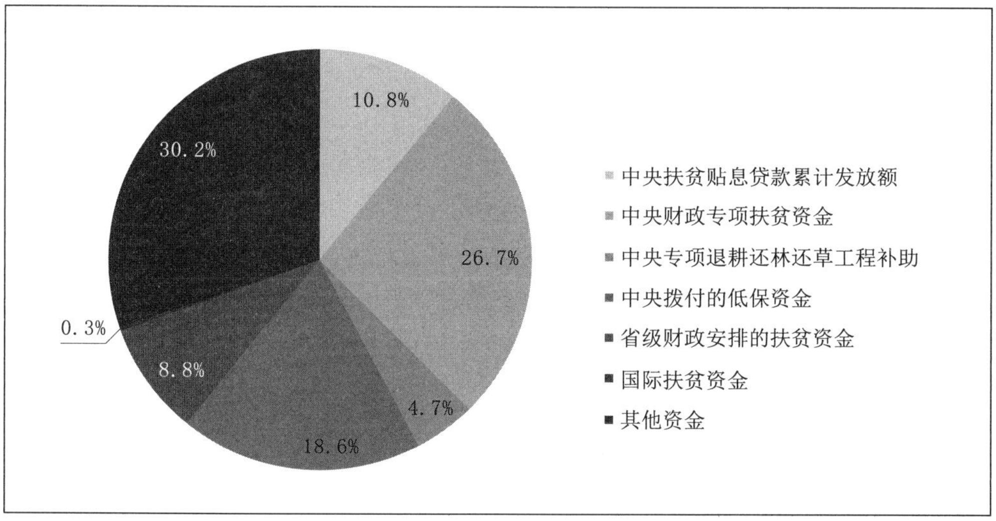

图 3-12　2014 年贫困地区县级扶贫资金主要来源

数据来源：国家统计局农村贫困监测调查。

（二）县级扶贫资金投向。

2014 年，贫困地区县级扶贫资金主要投入到村通公路、农村中小学建设、农业生产等项目中。其中村通公路占扶贫资金的比重为 12.8%，农村中小学建设占 11.3%，农业占 9.2%，农村危房改造 7.7%。

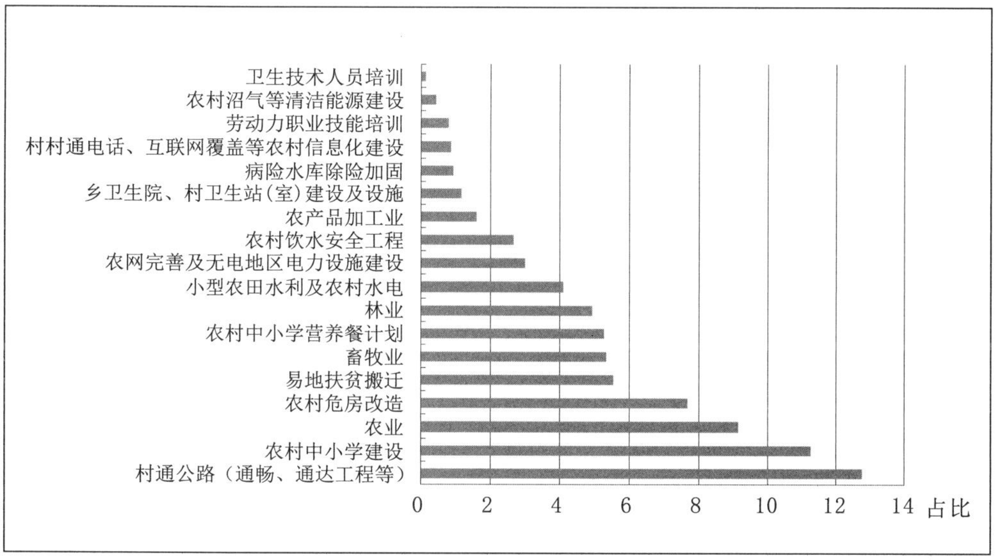

图 3-13　2014 年贫困地区县级扶贫资金主要投向

数据来源：国家统计局农村贫困监测调查。

（三）村级扶贫资金使用。

2014 年，贫困地区村级扶贫资金投向主要集中在村通公路、农村危房改造、农业、农村饮水安全工程、中低产田改造土地开发整理等领域，扶贫资金占比分别为：70.8%、8.0%、3.5%、3.1%、3.0%。

（国家统计局住户办　徐鑫）

第四部分：区域性贫困状况

4 连片特困地区贫困状况

《中国农村扶贫开发纲要（2011-2020年）》明确指出，要把连片特困地区作为扶贫主战场，稳定解决扶贫对象温饱、尽快实现脱贫致富，解决制约发展的突出问题，努力推动基本公共服务均等化，实现贫困地区经济社会更好更快发展。纲要实施以来，连片特困地区农村居民生活不断改善，贫困人口继续减少。国家统计局自2011年起针对14个连片特困地区开展了农村贫困监测调查。

一、连片特困地区基本情况

14个连片特困地区覆盖全国21个省（自治区、直辖市）680个县。行政区划面积383万平方公里，占全国行政区划总面积的比重接近40%。2013年，地区生产总值3.5万亿元，占全国GDP的6%；粮食总产量9897.6万吨，占全国粮食总产量的16.4%；参加农村基本医疗保险的人数为1.9亿，占农村户籍人口的95%；参加农村社会养老保险的人数为1亿，占农村户籍人口的51.2%。

二、连片特困地区减贫情况

（一）2014年农村贫困人口3518万人

据全国农村贫困监测调查，按现行国家农村贫困标准（每人每年2300元，2010年不变价）测算，2014年连片特困地区农村贫困人口3518万人，贫困发生率17.1%。

其中，农村贫困人口规模在300万人以上的连片特困地区有6个，分别是滇黔桂石漠化区488万人，贫困发生率18.5%；武陵山区475万人，贫困发生率16.9%；秦巴山区444万人，贫困发生率16.4%；乌蒙山区442万人，贫困发生率21.5%；大别山区 392 万人，贫困发生率 12.0%；六盘山区 349 万人，贫困发生率 19.2%。

图 4-1-1　2014 年各连片特困地区农村贫困人口规模

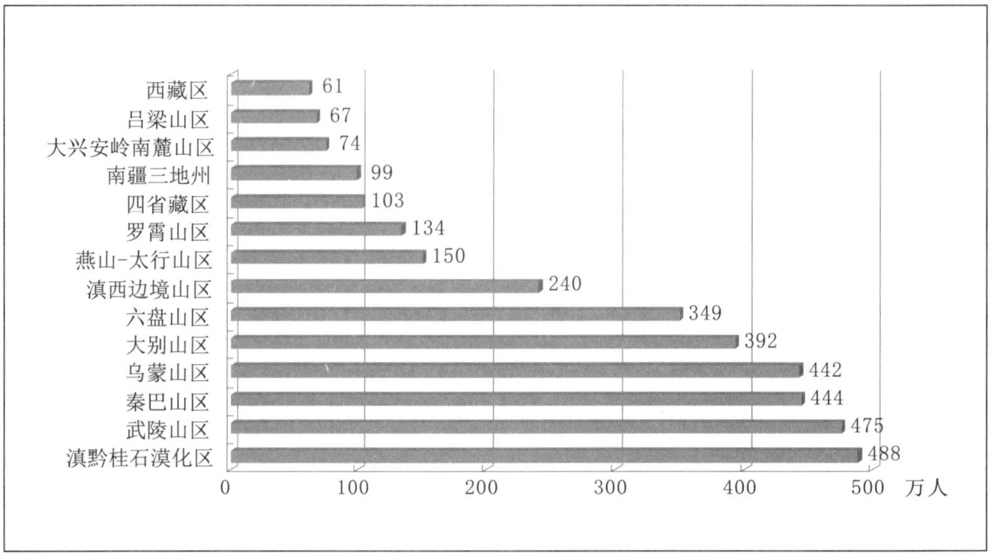

数据来源：国家统计局农村贫困监测调查。

在 14 个连片特困地区农村贫困人口中，滇黔桂石漠化区农村贫困人口占 13.9%，武陵山区占 13.5%，秦巴山区占 12.6%，乌蒙山区占 12.6%，大别山区占 11.1%，六盘山区占 9.9%，滇西边境山区占 6.8%，燕山－太行山区占 4.3%，罗霄山区占 3.8%，四省藏区占 2.9%，南疆三地州占 2.8%，大兴安岭南麓山区占 2.1%，吕梁山区占 1.9%，西藏区占 1.7%。

（二）2014 年连片特困地区农村贫困人口减少 623 万人

2014 年连片特困地区农村贫困人口比上年减少 623 万人，下降 15.0%；贫困发生率比上年下降 2.9 个百分点。

连片特困地区农村贫困人口下降幅度快于全国农村平均水平。2014 年，连片特困地区农村贫困人口 3518 万人，占全国农村贫困人口的 50.1%；农村贫困人口比上年减少 623 万人，占全国农村贫困人口减少总规模的 50.6%；农村贫困人口比上年下降 15.0%，比全国农村平均水平快 0.1 个百分点。

在 14 个连片特困地区中，农村贫困人口下降幅度快于全国农村平均水平的有 5 个，分别是秦巴山区下降 20.6%，六盘山区下降 20.5%，大别山区下降 17.8%，西藏区下降 15.3%，滇黔桂石漠化区下降 15.0%，降幅分别比全国农村平均水平快 5.7、5.6、2.9、0.4 和 0.1 个百分点。

6 个连片特困地区农村贫困人口减少 50 万人以上，分别是秦巴山区减少 115 万人，六盘山区减少 90 万人，滇黔桂石漠化区减少 86 万人，大别山区减少 85 万人，武陵山区减少 68 万人，乌蒙山区减少 65 万人。

3 个连片特困地区农村贫困发生率下降至 15% 以下，分别是罗霄山区 14.3%，大兴安岭南麓山区 14.0%，大别山区 12.0%。

（三）与 2011 年相比，2014 年连片特困地区农村贫困人口减少 41.7%

三年来连片特困地区农村贫困人口累计减少 2517 万人，平均每年减少 839 万人。与 2011 年相比，2014 年连片特困地区农村贫困人口减少 41.7%。2012-2014 年连片特困地区农村贫困人口累计减少规模占同期全国农村贫困人口累计减少规模的 48.2%。其中，三年来农村减贫规模在 300 万以上的连片特困地区有四个，分别是秦巴山区减少 371 万人，滇黔桂石漠化区减少 328 万人，乌蒙山区减少 323 万人，武陵山区减少 318 万人；减贫规模在 200-300 万人的连片特困地区有两个，分别是六盘山区减少 293 万人，大别山区减少 255 万人。

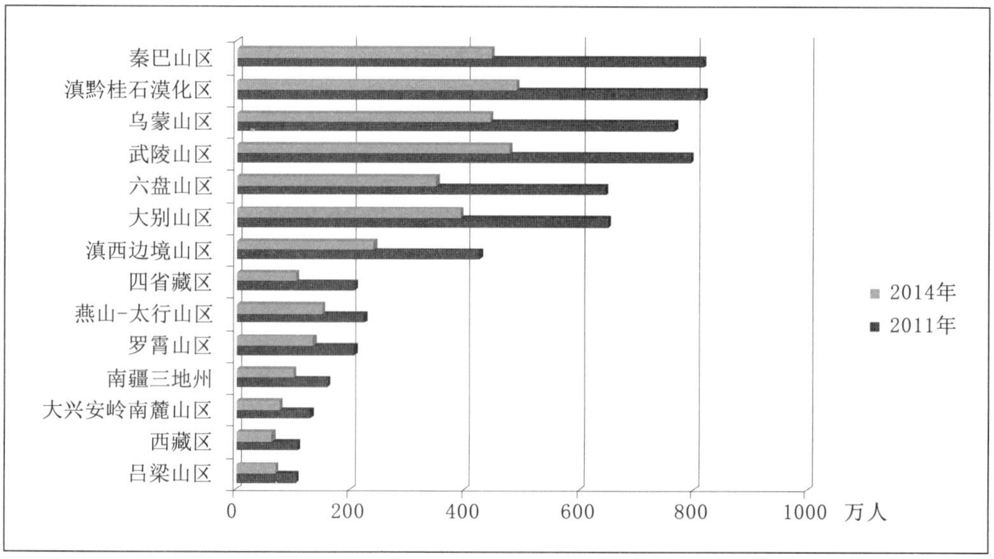

图 4-1-2 2011 年、2014 年各连片特困地区贫困人口规模对比

数据来源：国家统计局农村贫困监测调查。

三年来连片特困地区农村贫困发生率下降 11.9 个百分点。其中，贫困发生率下降 15 个百分点以上的连片特困地区有 5 个，分别是西藏区下降 20.2 个百分点，南疆三地州下降 19.9 个百分点，四省藏区下降 18.6 个百分点，乌蒙山区下降 16.7 个百分点，六盘山区下降 15.8 个百分点；下降 10-15 个百分点的连片特困地区有 5 个，分别是，滇黔桂石漠化区下降 13 个百分点，滇西边境山区下降 12.5 个百分点，秦巴山区下降 11.2 个百分点，吕梁山区下降 11 个百分点，大兴安岭南麓山区下降 10.1 个百分点。

图 4-1-3　2011 和 2014 年各连片特困地区农村贫困发生率

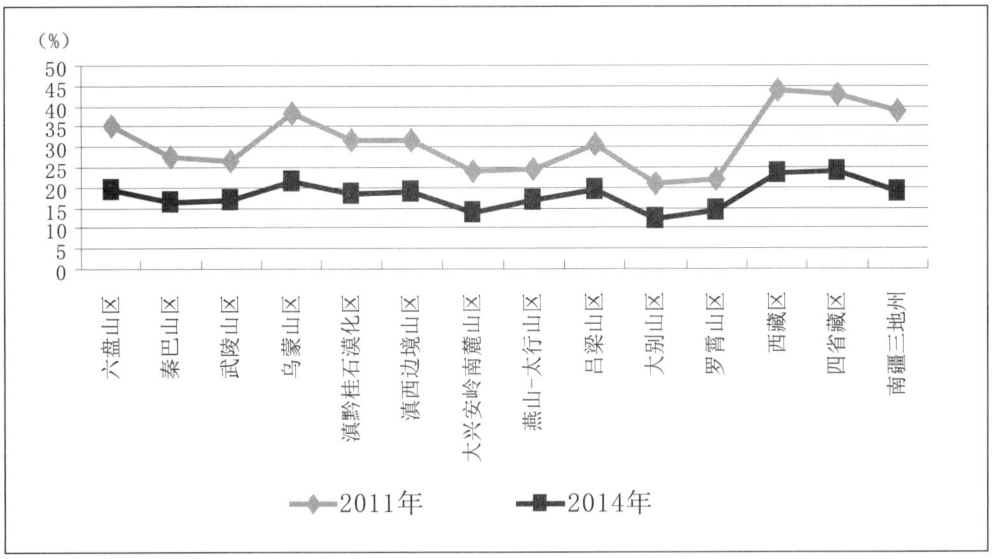

数据来源：国家统计局农村贫困监测调查。

三、连片特困地区农村居民收支增长情况

（一）2014 年连片特困地区农村居民收入实际增长 10.9%

2014 年全国 14 个集中连片特困地区农村居民人均可支配收入 6724 元，比上年增加 767 元，增长 12.9%，扣除价格因素，实际增长 10.9%，增速比全国农村平均水平高 1.7 个百分点。连片特困地区收入水平相当于全国农村平均水平的 64.1%。其中，人均工资性收入 2188 元，增长 16.1%；人均经营净收入 3019 元，增长 10.0%；人均财产净收入 70 元，增长 29.0%；人均转移净收入 1446 元，增长 13.7%。

2014 年有 10 个集中连片特困地区农村居民收入增长速度高于全国农村平均水平。分别为：乌蒙山区增长 16.7%、四省藏区增长 15.4%、大别山区增长 14.4%、六盘山区增长 13.9%、秦巴山区增长 13.4%、罗霄山区增长 13.2%、新疆南疆三地州增长 12.5%、滇黔桂石漠化区增长 12.4%、西藏增长 12.3%、滇西边境山区增长 12.1%。

2012-2014 年连片特困地区农村居民人均收入实际增速比全国农村平均水平高 2.1 个百分点。2014 年，14 个连片特困地区农村居民人均收入较 2011 年增长 50%，年均名义增长 14.4%，扣除价格因素，年均实际增长 11.8%。

连片特困地区农村居民收入与全国农村平均水平的差距持续缩小。2014 年连片特困地区人均收入占全国农村居民人均收入的比重比 2011 年上升 3.4 个百分点。

（二）2014 年连片特困地区人均消费支出实际增长 8.8%

2014 年，连片特困地区农村居民人均消费 5898 元，比上年增长 10.7%，扣除价格因素，实际增长 8.8%。连片特困地区农村居民消费占可支配收入的比重为 87.7%，比全国农村平均水平高 7.7 个百分点。

从结构上分析，2014 年连片特困地区农村居民人均食品烟酒支出 2205 元，占消费支出的比重为 37.4%，比全国农村平均水平高 2.8 个百分点；衣着支出人均 358 元，占 6.1%；居住支出人均 1219 元，占 20.7%；生活用品及服务人均 374 元，占 6.3%；交通通信支出人均 595 元，占 10.1%；教育文化娱乐支出人均 575 元，占 9.7%；医疗保健支出人均 477 元，占 8.1%；其他用品和服务支出人均 96 元，占 1.6%。

表 4-1-1　2014 年连片特困地区与全国农村消费水平和结构对比

指标名称	连片特困地区人均消费支出（元）	全国农村人均消费支出（元）	连片特困地区相当于全国农村平均水平（%）	连片特困地区消费构成（%）	全国农村居民消费构成（%）
人均消费支出	5898	8383	70.4	100.0	100.0
1. 食品烟酒	2205	2814	78.4	37.4	33.6
2. 衣着	358	510	70.1	6.1	6.1
3. 居住	1219	1763	69.2	20.7	21.0
4. 生活用品及服务	374	506	73.8	6.3	6.0
5. 交通通信	595	1013	58.7	10.1	12.1
6. 教育文化娱乐	575	860	66.9	9.7	10.3
7. 医疗保健	477	754	63.3	8.1	9.0
8. 其他用品和服务	96	163	58.8	1.6	1.9

数据来源：国家统计局农村贫困监测调查、全国住户收支与生活状况调查。

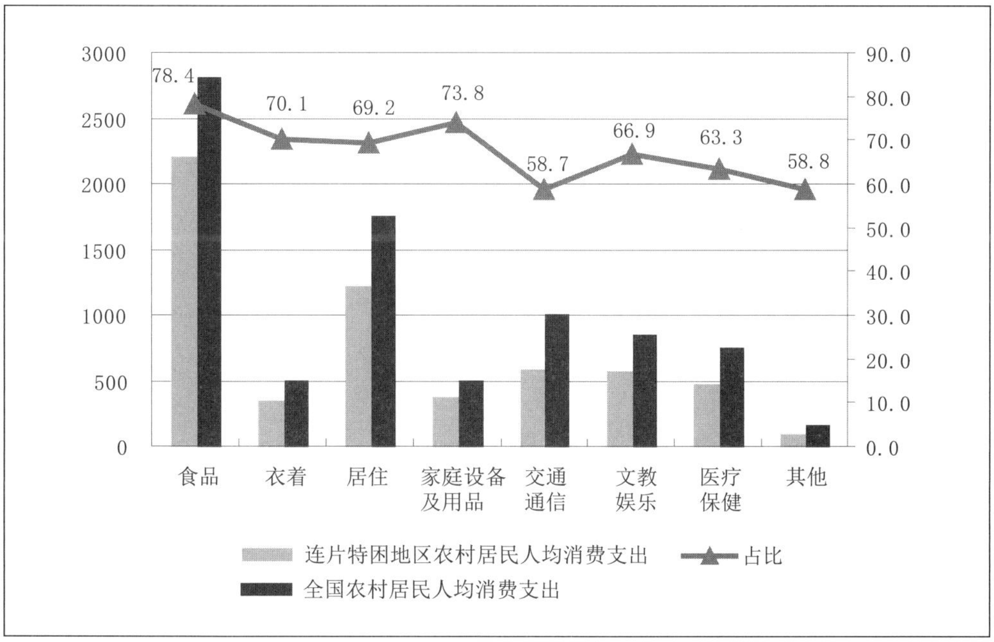

图 4-1-4　连片特困地区与全国农村消费水平对比

数据来源：国家统计局住户收支与生活状况调查、农村贫困监测调查。

2012-2014 年连片特困地区人均消费支出年均实际增长 9.5%。三年来，14 个连片特困地区人均消费支出增长 40.7%，年均增长 12.1%，扣除价格因素，实际增长 9.5%，比收入增速低 2.3 个百分点，比全国农村居民消费支出年均增速低 0.3 个百分点。

四、连片特困地区农村居民生产生活条件

2012-2014 年连片特困地区农户住房情况明显改善，居住在竹草土坯房的农户比重继续下降，居住设施进一步改进。2014 年，居住在竹草土坯房的农户比重为 7.0%，比 2012 年下降 1.1 个百分点；使用照明电的农户比重 99.5%，比 2012 年提高 0.7 个百分点；独用厕所的农户比重 92.5%，比 2012 年提高 2.6 个百分点。

耐用消费品拥有量不断增加。2014 年，连片特困地区农村每百户拥有移动电话 196 部，比 2012 年增加 33.2 部；百户拥有洗衣机 70.1 台，比 2012 年增加 18.7 台；百户拥有电冰箱 58.5 台，比 2012 年增加 12.4 台；百户拥有计算机 9.8 台，比 2012 年增加 5.3 台；百户拥有汽车 6.2 辆，比 2012 年增加 3.5 辆。

图 4-1-5　2012-2014 年连片特困地区每百户主要耐用消费品拥有量

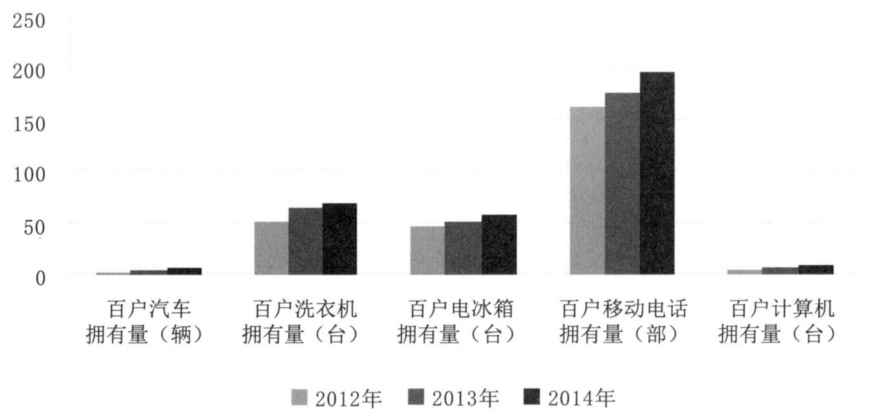

数据来源：国家统计局农村贫困监测调查。

基础设施明显提升。2012-2014 年，连片特困地区通宽带的自然村比重明显提高，2014 年达到 44.4 个百分点，较 2012 年提高 8 个百分点；通有线电视的自然村比重提高 6.2 个百分点，2014 年达到 72.6%。道路通达情况继续改善，2014 年，主干道路经过硬化的自然村比重为 62.8%，比上年提高 4.9 个百分点；通客运班车的自然村为 42%，比上年提高 4.2 个百分点。

（国家统计局住户办　徐鑫）

扶贫重点县贫困状况

按照《中国农村扶贫开发纲要（2011-2020 年）》安排，新的 592 个扶贫重点县[①]继续享受各项支持政策。国家统计局自 2012 年起将贫困监测调查范围覆盖新的 592 个扶贫重点县。

一、扶贫重点县基本情况

全国 592 个扶贫重点县行政区划面积 249 万平方公里，占全国行政区划总面积的 26%；2013 年地区生产总值 3.7 万亿元，占全国 GDP 的比重为 6.3%；粮食总产量 11337 万吨，占全国粮食总产量的 18.8%；扶贫重点县参加农村基本医疗保险的人数达到 1.9 亿，占全国农村户籍人口的比重为 95%；参加农村社会养老保险的人数达到 1 亿，占全国农村户籍人口的比重为 51.3%。

二、扶贫重点县减贫情况

（一）2014 年扶贫重点县农村贫困人口 3649 万人

据全国农村贫困监测调查，按国家现行农村贫困标准（每人每年 2300 元，2010 年不变价）测算，2014 年扶贫重点县农村贫困人口 3649 万人，贫困发生率 17.5%。其中，扶贫重点县中农村贫困人口数量在 300 万人以上的省份有 3 个，分别是云南 469 万人、贵州 440 万人、甘肃 346 万人；农村贫困人口数量在 200-300 万人的有 5 个，分别是河南 264 万人、安徽 248 万人、四川 236 万人、河北 235 万人、湖南 208 万人。

（二）2014 年扶贫重点县农村贫困人口减少 630 万人

2014 年扶贫重点县农村贫困人口比上年减少 630 万人，下降 14.7%；贫困发生率比上年下降 2.7 个百分点。其中，扶贫重点县中农村贫困人口较上年减少 50 万人以上的省份有 3 个，分别是贵州减少 95 万人，云南减少 74 万人，河南减少 60 万人。个别省份扶贫重点县农村返贫人数超过脱贫人数，贫困人口数量较上年有所上升。

（三）2012-2014 年扶贫重点县农村贫困人口持续减少

三年来扶贫重点县农村贫困人口累计减少 2463 万人。扶贫重点县农村贫困人口由 2011 年的 6112 万人下降至 2014 年的 3649 万人，三年累计减少 2463 万人，年均减少 821 万人。三年来年扶贫重点县农村贫困人口累计减少规模占同期全国农村贫

① 上一轮《中国农村扶贫开发纲要（2001-2010 年）》实施期间，592 个国家扶贫开发工作重点县（简称“扶贫重点县”）享受经济扶持政策。2012 年，在保持扶贫重点县总数不变的情况下，调出 38 个县，调入 38 个县，形成新的 592 个扶贫重点县。

困人口累计减少规模的 47.2%。其中，三年来扶贫重点县中农村累计减贫规模在 200 万人以上的省份有 4 个，分别是云南减少 313 万人、贵州 282 万人、甘肃减少 256 万人、河南 224 万人。

三年来扶贫重点县中农村减贫幅度过半的省份有 1 个，江西减少 50%；减贫幅度在 40%-50% 的省份有 8 个，其中湖北减少 48%，河南减少 46%，湖南减少 45%，广西减少 43%，甘肃减少 43%，青海减少 41%，云南减少 40%，陕西减少 40%。

扶贫重点县农村贫困发生率由 2011 年的 29.2% 下降到 2014 年的 17.5%，下降 11.7 个百分点。其中，扶贫重点县贫困发生率下降 15 个百分点以上的省份有 4 个，分别是甘肃下降 18.8 个百分点，江西下降 16.4 个百分点，贵州下降 15.3 个百分点，湖南下降 15.1 个百分点；贫困发生率下降 10-15 个百分点的省份有 7 个，分别是湖北下降 13.9 个百分点，云南下降 13.4 个百分点，广西下降 12.9 个百分点，新疆下降 11.2 个百分点，内蒙古下降 11.1 个百分点，四川下降 10.9 个百分点，河南下降 10.4 个百分点。

图 4-2-1 2011-2014 年扶贫重点县分省农村贫困人口和贫困发生率

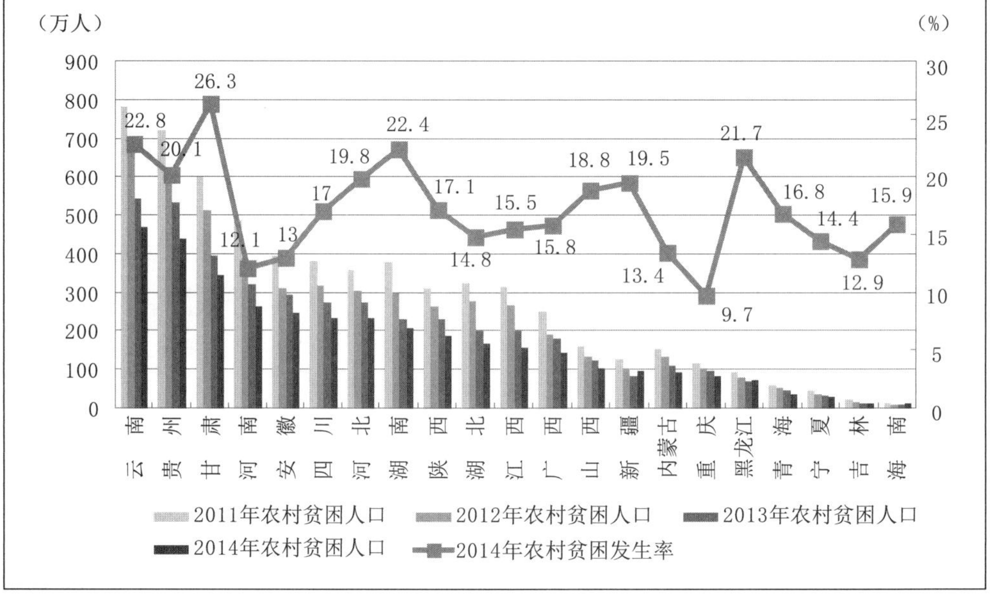

数据来源：国家统计局农村贫困监测调查。

三、扶贫重点县农村居民收支增长情况

（一）2014 年扶贫重点县农村居民收入实际增长 11.0%

2014 年全国扶贫重点县农村居民人均可支配收入 6717 元，比上年增加 771 元，增长 13.0%，扣除价格因素，实际增长 11.0%，增速高于全国农村平均水平 1.8 个百分点。扶贫重点县农村居民人均收入水平相当于全国农村平均水平的 64%。其中：人均工资性收入 2175 元，增长 16.9%；人均经营净收入 2944 元，增长 8.6%；人均财产净收入 81 元，增长 30.4%；人均转移净收入 1517 元，增长 15.7%。

2012-2014 年扶贫重点县农村居民人均收入年均实际增长 13%。三年来，扶贫重点县农村居民人均收入累计增长 54.6%，年均名义增长 15.6%，扣除价格因素，年均实际增长 13%，增速比全国农村平均水平高 3.3 个百分点。2014 年扶贫重点县农村居民人均收入占全国农村收入的比重比 2011 年上升 5.1 个百分点。扶贫重点县农村居民收入与全国农村平均水平的差距不断缩小。

表 4-2-1　2011-2014 年扶贫重点县收入增长情况

年份	农村居民人均纯收入（元）	农村常住居民人均可支配收入（元）	名义增速（%）	实际增速（%）
2011	3938	--	--	--
2012	4602	--	16.8	14.0
2013	5389	5945	17.0	13.9
2014	6088	6717	13.0	11.0

数据来源：国家统计局农村贫困监测调查。

（二）2014 年扶贫重点县人均消费支出实际增长 8.9%

2014 年，扶贫重点县农村居民人均消费 5962 元，比上年增长 10.9%，扣除价格因素，实际增长 8.9%。扶贫重点县农村居民人均消费占人均可支配收入的比重为 88.8%，比全国农村平均水平高 8.8 个百分点。

从结构看，2014 年扶贫重点县食品烟酒支出人均 2201 元，占消费支出的比重为 36.9%，比全国农村平均水平高 3.3 个百分点；衣着支出人均 365 元，占 6.1%；居住支出人均 1226 元，占 20.6%；生活用品及服务支出人均 379 元，占 6.4%；交通通信支出人均 605 元，占 10.2%；教育文化娱乐支出人均 583 元，占 9.8%；医疗保健支出人均 510 元，占 8.6%；其他用品和服务 93 元，占 1.6%。

表 4-2-2　2014 年扶贫重点县与全国农村消费水平和结构对比

指标名称	扶贫重点县农村居民人均消费支出（元）	全国农村常住居民人均消费支出（元）	扶贫重点县相当于全国农村平均水平（%）	扶贫重点县消费构成（%）	全国农村消费构成（%）
人均消费支出	5962	8383	71.1	100.0	100.0
1. 食品烟酒	2201	2814	78.2	36.9	33.6
2. 衣着	365	510	71.6	6.1	6.1
3. 居住	1226	1763	69.5	20.6	21.0
4. 生活用品及服务	379	506	74.9	6.4	6.0
5. 交通通信	605	1013	59.7	10.2	12.1
6. 教育文化娱乐	583	860	67.8	9.8	10.3
7. 医疗保健	510	754	67.6	8.6	9.0
8. 其他用品和服务	93	163	57.1	1.6	1.9

数据来源：国家统计局农村贫困监测调查。

2012-2014 年扶贫重点县人均消费支出年均实际增长 11.7%。三年来，扶贫重点县人均消费支出累计增长 49.4%，年均名义增长 14.3%，扣除价格因素，实际增长 11.7%。

四、扶贫重点县农村居民生产生活条件

2012-2014 年扶贫重点县农户住房情况明显改善，居住在竹草土坯房的农户比重继续下降，居住设施进一步改进。2014 年，居住在竹草土坯房的农户比重为 7.0%，比 2012 年下降 1.4 个百分点；使用照明电的农户比重 99.5%，比 2012 年提高 0.5 个百分点；独用厕所的农户比重 93.2%，比 2012 年提高 1.6 个百分点。

2014 年，扶贫重点县农村每百户拥有移动电话 193 部，比 2012 年增加 33.3 部；百户拥有洗衣机 70.6 台，比 2012 年增加 17.8 台；百户拥有电冰箱 60.5 台，比 2012 年增加 13.5 台；百户拥有计算机 11.4 台，比 2012 年增加 5.9 台；百户拥有汽车 6.6 辆，比 2012 年增加 4.2 辆。

表 4-2-3　2012-2014 年扶贫重点县每百户耐用消费品拥有量

指标	2012 年	2013 年	2014 年
1. 汽车（辆）	2.4	5.6	6.6
2. 洗衣机（台）	52.8	65.8	70.6
3. 电冰箱（台）	47.0	54.4	60.5
4. 移动电话（部）	159.7	172.1	193.0
5. 计算机（台）	5.5	8.9	11.4

数据来源：国家统计局农村贫困监测调查。

2012-2014 年，扶贫重点县通宽带的自然村比重明显提高，2014 年达到 46.9 个百分点，比 2012 年提高 9 个百分点；通有线电视的自然村比重提高 5.6 个百分点，2014 年达到 74.6%。道路通达情况继续改善，2014 年，主干道路经过硬化的自然村比重为 63.5%，比上年提高 4.8 个百分点；通客运班车的自然村为 42%，比上年提高 4.4 个百分点。

扶贫重点县医疗文化教育设施覆盖率进一步提高。2014 年，有文化活动室的行政村比重为 80.9%，比 2012 年提高 6.3 个百分点；有卫生站的行政村比重达到 94.5%，比 2012 年提高 7.4 个百分点；有合法行医证的行政村比重为 91.1%，比 2012 年提高 7.1 个百分点；有幼儿园的行政村比重为 54.7%，比 2012 年提高 10.5 个百分点。

图 4-2-2　2012 年和 2014 年扶贫重点县文化教育设施对比

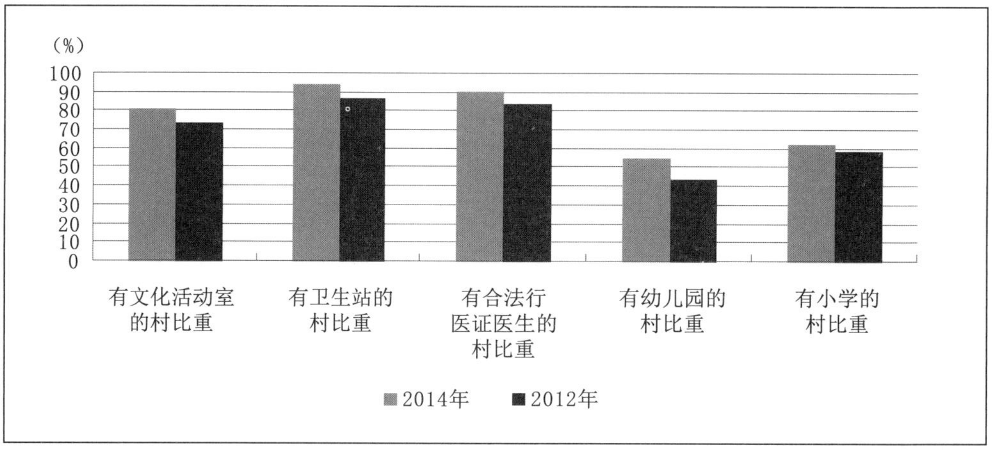

数据来源：国家统计局农村贫困监测调查。

（国家统计局住户办　徐鑫）

少数民族地区农村贫困状况

《中国农村扶贫开发纲要（2011-2020年）》明确要求加大对民族地区扶持力度。在国家有关部门和社会各界大力支持下，经过少数民族贫困地区广大干部群众的艰苦努力，少数民族贫困地区农村贫困人口大幅减少，经济全面发展、基础设施明显改善、社会事业不断进步、群众收入水平稳步提高，扶贫开发取得了显著成效，为促进民族团结、社会和谐、边疆稳定发挥了重要作用。

一、民族八省区贫困状况

（一）基本情况

我国民族八省区包括5个少数民族自治区即内蒙古自治区、广西壮族自治区、西藏自治区、宁夏回族自治区、新疆维吾尔族自治区，和少数民族分布集中的贵州、云南和青海三省。

2014年底，民族八省区常住人口1.93亿，占全国总人口的14.1%；地区生产总值7.1万亿，占国内生产总值的11.1%；人均GDP接近3.7万元；地方一般公共预算收入8328.8亿元，地方一般公共预算支出22192亿元。

“十一五”以来，中央累计安排民族八省区各类转移支付资金5.3万亿元，有力推动了民族地区经济社会持续快速健康发展。

（二）农村贫困变化

按现行国家农村贫困标准（每人每年2300元，2010年不变价）测算，2014年，民族八省区农村贫困人口2205万人，比上年减少357万人，下降13.9%；农村贫困发生率14.7%。比上年下降2.4个百分点；占全国农村贫困人口的比重为31.4%。

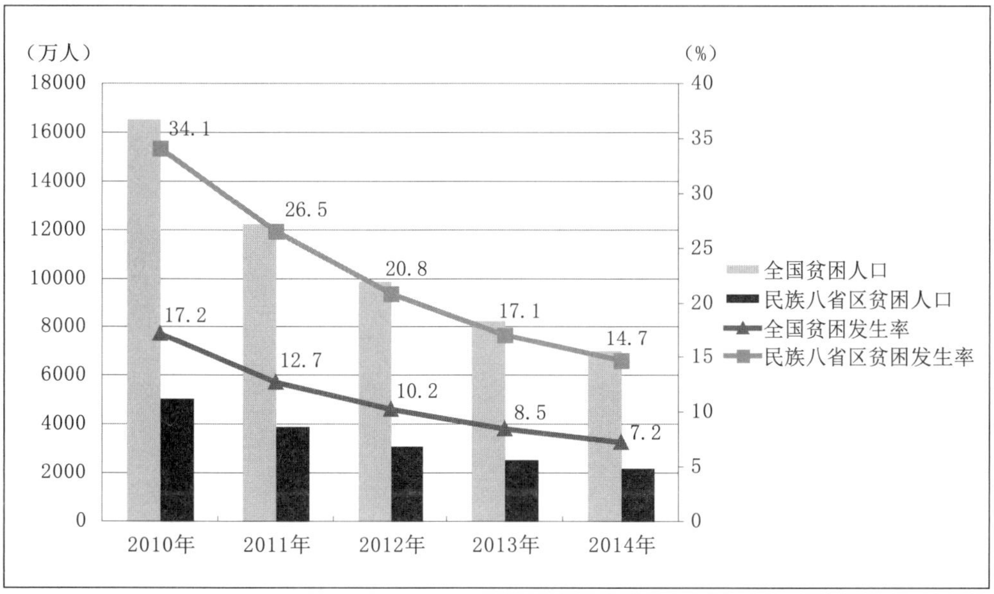

图4-3-1　2010-2014年全国农村和民族八省区贫困状况

数据来源：国家统计局住户收支与生活状况调查。

2011-2014 年，民族八省区农村贫困人口累计减少 2835 万人，下降幅度为 56.3%；减贫人数占同期全国农村减贫总规模的 29.7%；年均减少农村贫困人口 709 万人。

3 个省份农村贫困人口占全国农村贫困人口的比重出现下降。2014 年内蒙古农村贫困人口 98 万人，占全国农村贫困人口的比重为 1.4%，比 2010 年下降 0.2 个百分点；贵州农村贫困人口 623 万人，占全国农村贫困人口的比重为 8.9%，比 2010 年下降 0.3 个百分点；云南农村贫困人口 574 万人，占全国农村贫困人口的比重为 8.2%，比 2010 年下降 0.7 个百分点。

表 4-3-1　2010-2014 年全国及民族八省区农村贫困人口规模

单位：万人

地　区	2010 年	2011 年	2012 年	2013 年	2014 年
全　国	16567	12238	9899	8249	7017
# 民族八省区	5040	3917	3121	2562	2205
内蒙古	258	160	139	114	98
广　西	1012	950	755	634	540
贵　州	1521	1149	923	745	623
云　南	1468	1014	804	661	574
西　藏	117	106	85	72	61
青　海	118	108	82	63	52
宁　夏	77	77	60	51	45
新　疆	469	353	273	222	212

数据来源：国家统计局住户收支与生活状况调查。

2014 年民族八省区农村贫困发生率比全国农村平均水平高 7.5 个百分点。贫困发生率比全国农村平均水平高出 10 个百分点以上的省区有 3 个，包括西藏、新疆、贵州，分别比全国农村平均水平高 16.5、11.4 和 10.8 个百分点；贫困发生率比全国农村平均水平高 10 个百分点以内的省区有 4 个，包括云南、青海、广西、宁夏，分别比全国农村平均水平高 8.3、6.2、5.4 和 3.6 个百分点；内蒙古与全国农村平均水平基本持平。

2011-2014 年，民族八省区农村贫困发生率四年累计下降 19.4 个百分点，同期全国农村贫困发生率下降 10 个百分点。

表 4-3-2　2010-2014 年全国及民族八省区农村贫困发生率

单位：%

地　区	2010 年	2011 年	2012 年	2013 年	2014 年
全　国	17.2	12.7	10.2	8.5	7.2
# 民族八省区	34.1	26.5	20.8	17.1	14.7
内蒙古	19.7	12.2	10.6	8.5	7.3
广　西	24.3	22.6	18.0	14.9	12.6
贵　州	45.1	33.4	26.8	21.3	18.0
云　南	40.0	27.3	21.7	17.8	15.5
西　藏	49.2	43.9	35.2	28.8	23.7
青　海	31.5	28.5	21.6	16.4	13.4
宁　夏	18.3	18.3	14.2	12.5	10.8
新　疆	44.6	32.9	25.4	19.8	18.6

数据来源：国家统计局住户收支与生活状况调查。

（三）居民收入

2011-2013 年，民族八省区农村居民人均收入累计名义增长 55.3%，扣除价格因素，年均实际增长 11.7%，比全国农村平均水平高 1.2 个百分点。

2011-2013 年，民族八省区城镇居民人均收入累计名义增长 42.5%，扣除价格因素，年均实际增长 8.7%，比全国城镇平均水平高 0.4 个百分点。

二、民族自治地方贫困状况

（一）贫困规模

按现行国家农村贫困标准（每人每年 2300 元，2010 年不变价）测算，2014 年民族自治地方[①]贫困人口为 2226 万人，比上年减少 393 万人、减少 15.0%；比 2011 年减少 1648 万人，减少 42.5%。2014 年民族自治地方农村贫困人口占全国农村贫困人口比重为 31.7%。

从近三年减贫率来看，2012-2014 年，民族自治地方减贫幅度分别为 17.8%、17.8%、15.0%，全国农村同期分别为 19.1%、16.7%、14.9%。民族自治地方减贫速度 2012 年相对较慢，后两年快于全国农村平均。据不完全统计，2011-2014 年，国家和地方对民族自治地方累计投入扶贫资金 1130 亿元。

① 民族自治地方包括 5 个自治区、30 个自治州、120 个自治县。

表 4-3-3 2011-2014 年民族自治地方农村贫困人口及贫困发生率

指标		2011 年	2012 年	2013 年	2014 年
贫困人口	民族自治地方（万人）	3874	3185	2619	2226
	全国农村（万人）	12238	9899	8249	7017
	民族自治地方占全国比重（%）	31.7	32.2	31.8	31.7
贫困发生率	民族自治地方（%）	30.2	24.9	20.7	17.8
	全国农村（%）	12.7	10.2	8.5	7.2
	民族自治地方比全国高（百分点）	17.5	14.7	12.2	10.6

数据来源：国家民委民族自治地方农村贫困监测。

图 4-3-2 2011-2014 年少数民族地区和全国农村贫困发生率

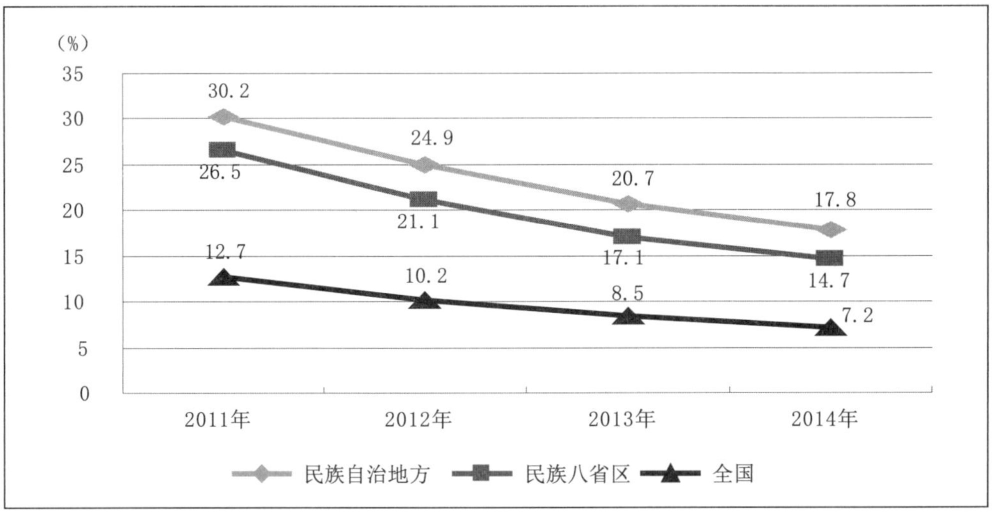

数据来源：国家统计局住户收支与生活状况调查、国家民委民族自治地方农村贫困监测。

（二）贫困程度

2014 年民族自治地方贫困发生率为 17.8%，比上年下降 2.9 个百分点，比 2011 年下降 12.4 个百分点。

表 4-3-4 民族自治地方和全国农村贫困发生率

单位：%

地区	2011 年	2012 年	2013 年	2014 年
民族自治地方	30.2	24.9	20.7	17.8
全国农村	12.7	10.2	8.5	7.2

数据来源：国家统计局住户收支与生活状况调查、国家民委民族自治地方农村贫困监测。

2011-2014 年民族自治地方的贫困发生率分别为 30.2%、24.9%、20.7%、17.8%，与全国农村平均水平相比，分别高出 17.5、14.7、12.2、10.6 个百分点。少数民族地区贫困发生率与全国同期水平的差距逐年缩小。

（三）饮水及易地搬迁

据不完全统计，2014 年末，民族自治地方有 1237.7 万农牧民尚未解决饮水不安全问题，缺乏基本生存条件需易地搬迁的农牧民有 85.7 万户、354.5 万人。

表 4-3-5　2011-2014 年民族自治地方农村贫困监测数据

指 标	单位	2011 年	2012 年	2013 年	2014 年
农村饮水不安全人口	万人	4182	3412	1996	1238
缺乏基本生存条件需易地	万户	75.5	65.2	51.5	85.7
搬迁对象	万人	304	2724	2224	355
年末乡村人口	万人	12841	12817	12645	12499
年度扶贫资金总额	亿元	185.4	268.3	310.6	365.3

数据来源：国家民委民族自治地方农村贫困监测。

（四）民族自治地方在连片特困地区内的贫困分布

2014 年，在 11 个集中连片特困地区中，属于民族自治地方的农村贫困人口 1639 万人，占全国 14 个片区农村贫困人口比重为 46.6%。

表 4-3-6　2011-2014 年不同区域农村贫困人口

指标		2011 年	2012 年	2013 年	2014 年
贫困人口	11 个片区内民族自治地方（万人）	2926	2377	1969	1639
	全国 14 个连片特困地区（万人）	6035	5067	4141	3518
	民族自治地方片区占全部片区比重（%）	48.5	46.9	47.6	46.6

数据来源：国家民委民族自治地方农村贫困监测。

分片区来看，民族自治地方贫困人口在 500 万以上的有 1 个，为滇黔桂石漠化片区；贫困人口在 100-500 万之间的有 5 个，分别是武陵山区、乌蒙山区、新疆南疆三地州、滇西边境山区、六盘山区。

表 4-3-7　2011 — 2014 年民族自治地方分片区扶贫对象

单位：万人

地区	2011 年	2012 年	2013 年	2014 年
合 计	2926	2377	1969	1639
1. 六盘山区	220	184	152	120
2. 秦巴山区	5	4	3	2
3. 武陵山区	523	403	338	290
4. 乌蒙山区	285	261	200	185
5. 滇桂黔石漠化区	1041	813	664	562
6. 滇西边境山区	289	201	171	155
7. 大兴安岭南麓山区	30	27	17	15
8. 燕山 - 太行山区	61	49	33	30
9. 西藏区	72	59	46	33
10. 四省藏区	136	111	79	76
11. 新疆南疆三地州	266	266	266	172

数据来源：国家民委民族自治地方农村贫困监测。

三、人口较少民族发展情况

扶持人口较少民族发展是新世纪、新阶段民族工作的一项重要任务。2005 年、2011 年国家连续制定并实施专项规划，重点扶持人口较少民族经济社会全面协调可持续发展，规划实施取得了很好的成效。经过十多年的探索和实践，党和国家制定实施的扶持人口较少民族发展这一特殊政策，得到民族地区广大干部和群众的称赞，得到越来越多社会各界人士的关心，得到专家、学者的更多关注。扶持人口较少民族发展是民族工作领域的一项创新，是中国特色解决民族问题正确道路的有益探索和成功实践。

（一）扶持规划和措施

2011 年，经国务院审批，由国家民委等 5 部门共同编制印发的《扶持人口较少民族发展规划（2011-2015 年）（以下简称“规划”）启动实施。规划实施以来，在有关部门的大力支持和有关省区的推动下进展顺利，扶持人口较少民族发展工作取得阶段成效，人口较少民族经济社会发展取得新成就。“十二五”规划重点围绕到 2015 年人口较少民族聚居村实现“五通十有”目标来实施。规划实施以来，中央已下达 56.22 亿元专项资金，实施基础设施建设、生产发展、社会发展等各类项目 9000 多个。

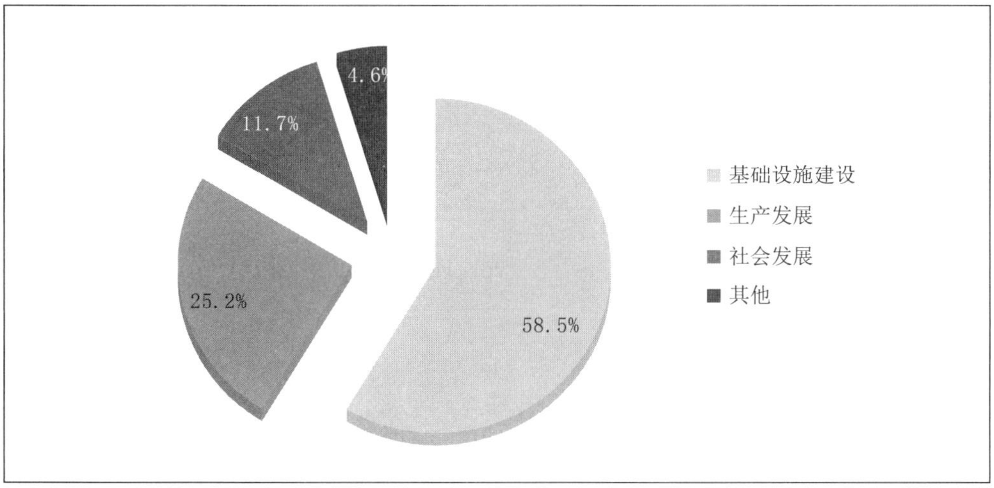

图 4-3-3 扶持资金按投向分所占比重

数据来源：国家民委民族自治地方农村贫困监测。

（二）发展变化

经过近 10 年的扶持，人口较少民族地区发生了明显变化，乡村基础设施和群众生产生活条件日益改善，增收渠道不断拓宽，社会事业协调并进，少数民族群众精神面貌焕然一新，民族关系更加和谐。近年来，共实施劳动力转移、实用技术推广和干部培训项目 200 个，培训 223 万人次，投入资金 2004 万元。

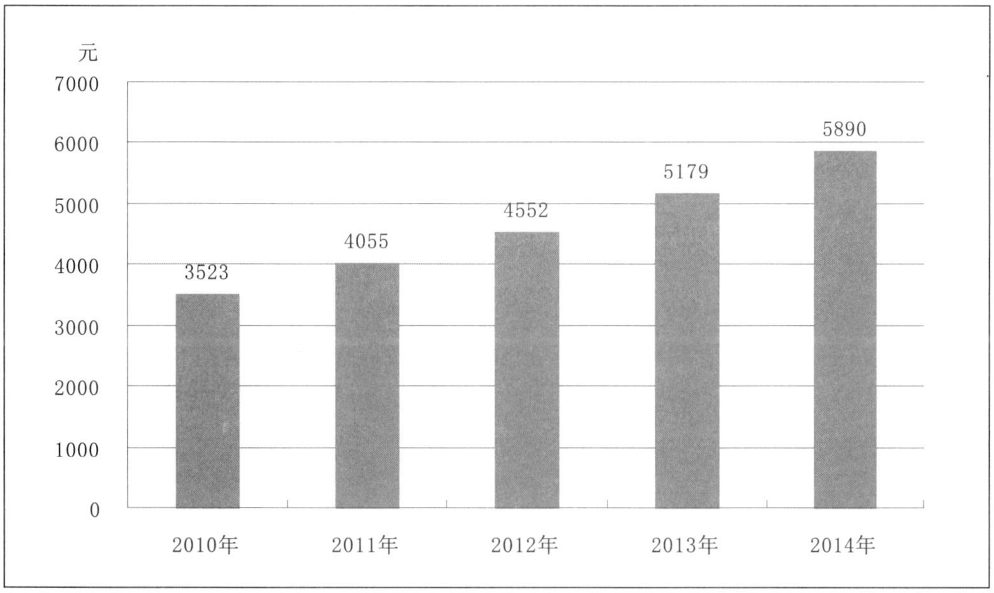

图 4-3-4 人口较少民族聚居村农牧民人均收入

数据来源：国家民委民族自治地方农村贫困监测。

据 2014 年国家民委监测数据，人口较少民族聚居村 18 项约束性指标、人口较少民族乡 19 项约束性指标、人口较少民族自治县和自治州各 15 项约束性指标均比 2010 年有较大幅度提高，有些指标已达到验收标准。一些人口较少民族如锡伯族、俄罗斯族、裕固族、高山族、珞巴族、鄂温克族、鄂伦春族、赫哲族、达斡尔族、京族、乌孜别克族、基诺族、门巴族、塔塔尔族、德昂族、毛南族、仫佬族等，已经具备了实现全面小康的基础和条件，可以率先实现小康。

（国家民委经济发展司 袁彦）

第五部分　部门扶贫情况

5　教育部扶贫开展情况

近年来，教育部按照党中央、国务院关于扶贫开发工作的决策部署，充分发挥教育在扶贫开发中的重要作用，积极推进教育扶贫、定点联系和定点扶贫等各项扶贫开发工作，在加快贫困地区教育发展和人力资源开发、促进贫困地区群众从根本上脱贫致富上发挥了重要作用，为贫困地区与全国同步建成小康社会奠定了扎实基础。

一、统筹推进教育扶贫工作实现新突破

教育部围绕贯彻落实《中国农村扶贫开发纲要(2011-2020年)》《中共中央办公厅、国务院办公厅印发〈关于创新机制扎实推进农村扶贫开发工作的意见〉的通知》和《国务院办公厅转发教育部等部门关于实施教育扶贫工程意见的通知》的精神，面向集中连片特困地区实施了一系列特殊教育惠民、教育富民工程。

一是全面改善贫困地区义务教育薄弱学校基本办学条件。按照“保基本、兜住底、促公平”的实施原则，中央财政加大投入力度，计划用五年的时间，使贫困地区义务教育学校办学条件基本达标，重点保障基本教学条件、改善学校生活设施、办好必要的教学点、妥善解决县镇学校大班额问题。截至2015年，累计安排薄改计划资金1296亿元。二是实施农村义务教育学生营养改善计划。按照每生每天3元标准为3200多万生活在贫困地区的小朋友每天提供营养膳食补助，从2014年11月起提高到4元。2011-2015年已累计安排中央资金672亿元。监测表明，贫困地区学生的平均身高、体重和学习成绩都有不同程度的提高。三是实施中等职业教育学生免学费和给予国家助学金补助的政策。按照每生每年2000元的标准对片区内中等职业学校全日制农村在校生免除学费，并给予每生每年1500元的国家助学金资助，从2015年起，助学金资助标准提高到2000元。这一政策对片区农村学生实现了100%全覆盖，

加大对农村、贫困和民族地区职业教育扶持力度，帮助片区群众掌握脱贫致富的技术技能，提升创业就业的能力，促进片区经济社会发展发挥了重要作用。四是实施面向贫困地区定向招生计划。从 2012 年的 1 万人增加到 2014 年的 5 万人，招生高校覆盖所有“211 工程”高校和 108 所中央部属高校。新华社等多家媒体评论：这是一项充满大爱的政策，不但增加了贫困地区学生上重点大学的机会，有利于促进教育公平，缩小教育的地区差距，而且可以引导大学生回到贫困地区工作，为贫困地区经济社会发展提供人才和智力支持。五是实施《国家贫困地区儿童发展规划（2014—2020 年）》。围绕儿童成长全过程，对片区从出生开始到义务教育阶段结束的农村儿童的健康和教育实施全过程的保障和干预，编就一张保障贫困地区儿童成长的安全网，加快形成对贫困地区儿童发展的全过程关注、全领域参与和全方位服务的政策体系，实现到 2020 年贫困地区儿童发展整体水平基本达到或接近全国平均水平的目标。六是实施《乡村教师支持计划（2015 – 2020 年）》。把乡村教师队伍建设摆在优先发展的战略位置，定向施策，精准发力，采取全面提高乡村教师思想政治素质和师德水平、拓展乡村教师补充渠道、提高乡村教师生活待遇、统一城乡教职工编制标准、职务（职称）评聘向乡村学校倾斜、推动城市优秀教师向乡村学校流动等关键举措，努力造就一支素质优良、甘于奉献、扎根乡村的教师队伍，让每个乡村孩子都能接受公平、有质量的教育。其中，中央财政已下达乡村教师生活补助政策（2013 年开始实施）综合奖励补助资金 44 亿元，惠及 604 个县的 94.9 万名乡村教师，村学校和乡村教师的受益面分别达到了 94% 和 87%。七是实施国家学前教育重大项目。按照“国十条”构建学前教育公共服务体系的要求，2011 年起，教育部会同财政部实施了 4 大类、7 个学前教育重大项目，重点支持中西部地区发展农村学前教育。支持中西部农村扩大学前教育资源，包括利用农村闲置校舍改建幼儿园、依托农村小学富余校舍增设附属幼儿园、在偏远农村地区开展巡回支教试点等；扶持城市部门、集体办园，解决进城务工农民工随迁子女入园，扶持普惠性民办幼儿园；实施幼师国培计划；建立学前教育资助制度，对家庭经济困难儿童、孤儿和残疾儿童入园给予资助。2011-2015 年，中央财政投入 739 亿元。八是将直属高校统筹纳入新十年定点扶贫工作体系中。安排 44 所科研实力最强、以理工科院校为主的直属高校承担定点扶贫任务，发挥高校在教育扶贫、人才扶贫、智力扶贫、科技扶贫、信息扶贫、专业扶贫等方面的最大优势。此外，学前教育三年行动计划、初中工程、教师周转宿舍项目以及国培计划、特岗计划等系列政策项目的实施，也有效改善了贫困地区幼儿园、义务教育学校、普通高中基本办学条件，提高了教师队伍素质。

二、扎实推进定点联系滇西工作再上新台阶

针对滇西边境片区教育发展落后、素质型贫困问题突出的实际，教育部积极探索以开发人力资源促进扶贫开发的新模式，在部际联系、部省联系、工作支撑机构、教育对口支援、挂职干部、社会力量等六个层面构建定点联系滇西的工作布局，有力有效促进了滇西区域发展和群众脱贫致富。

一是完善定点联系滇西的政策体系。制定《滇西边境山区区域发展与扶贫攻坚规划（2011-2020）》，以《教育部定点联系滇西边境山区工作方案》和《教育部、云南省人民政府加快滇西边境山区教育改革和发展共同推进计划（2012-2017）》等作为定点联系滇西的具体实施方案，从发展定位、工作目标、重点任务、组织保障等方面构建了一个比较完整的政策链条，共同建设滇西教育改革先行区、教育开放试验区、教育对口支援示范区，不断增强滇西自我发展和可持续发展的能力。二是重点帮扶项目成效显著。滇西应用技术大学筹建工作积极推进，结合滇西10州市特色优势产业，以“办好一个学院、振兴一个产业、致富一方群众”为目标，按照“产教融合、校企合作、工学结合、知行合一”现代职业教育理念，建设新型应用技术大学。筹建期间，已吸引50余家企业、29所对口支援高校、20余个行业协会以及210余名行业专家的积极参与。滇西领导干部经济管理研修班围绕滇西教育和经济社会发展突出瓶颈问题，依托直属高校优势学科资源已举办7期，培训滇西领导干部500余名。“滇西农村青年创业人才培养计划”启动实施，将用5年时间为滇西免费培养1000名面向农村的小微企业农村青年创业人才，2014年首批招生200名工商企业管理（小微企业创业方向）学生。“滇西边境山区中学英语教师出国研修项目”已分两批遴选99名滇西中学一线的英语教师分别到英国或者新加坡进行为期3个月的交流学习。教育系统赴滇西挂职干部已选派三批164名，成为定点联系工作深入各县的抓手，实地推动滇西扶贫工作。三是对口支援形式不断创新。人民教育出版社、复旦大学等单位将人才优势和人力资源建设对接，培训滇西党政干部和教师。浙江大学、同济大学等单位将学科优势与特色产业优势对接，培育、推广滇西特色产业。上海交通大学、南京大学等单位将科研优势和资源优势对接，开展滇西产学研合作项目。国家开放大学、清华大学等单位发挥信息技术优势，实施滇西远程教育项目。截至目前，各对口帮扶单位累计投入资金和实物约合5亿元用于滇西扶贫。

三、稳步推进定点扶贫工作取得新进展

按照《关于做好新一轮中央、国家机关和有关单位定点扶贫工作的通知》部署，教育部定点扶贫县被调整为河北省青龙县、新河县、威县。2012年前定点扶贫县为河北省青龙县、涞源县、武邑县。针对定点扶贫地区经济社会发展实际和现实需求，教育部建立健全对口帮扶保障机制，制定详细帮扶工作计划，千方百计做好对口帮扶工作。

一是持续开展春节慰问家庭经济困难教师和贫困农户活动。2005开始，每年都赴部定点扶贫县开展“春节送温暖”活动，慰问家庭经济困难教师和贫困农户，将温暖直接送到困难群众。十年累计发放慰问金超过200万元。二是有针对性地组织对口帮扶县干部到发达地区学习考察。2013年起，每年组织每县3-5名干部到经济发达地区学习考察，通过听专题汇报、学习职业院校先进办学经验、进工厂和企业洽谈对口合作等，提高贫困县干部水平。三是促进校企合作，提高定点扶贫县中等职业学校汽车运用与维修专业实习实训基地建设水平。2013年，协商部分企业向阜

平职业技术教育中心、涞源县职业技术教育中心、石家庄工程技术学校、邯郸市职业技术教育中心、新河县职业技术教育中心和威县职业技术教育中心共捐赠了价值31.9万元的汽车维修工具和24.3万元的发动机及台架，供学生实习使用。

（教育部发展规划司　于洋）

科技部扶贫开展情况

扶贫开发工作是党中央、国务院在改革开放进程中，针对农村发展不平衡实际，为缓解和消除贫困，最终实现共同富裕而采取的重大战略举措。科技部积极落实党中央国务院各项扶贫工作部署，不断深化改革，开拓创新，扎实推进科技扶贫工作，得到贫困地区干部群众肯定，科技部科技扶贫办公室也于2011年、2014年两次被国务院扶贫开发领导小组授予先进集体称号。2011-2014年间，科技部的扶贫工作主要包括三个方面。一是针对河北魏县、河南光山县、湖北英山县、江西井冈山市和永新县、陕西榨水县和佳县的定点扶贫工作；二是负责秦巴山片区区域发展与扶贫攻坚的牵头联系工作；三是发挥科技部门优势，针对全国贫困地区的行业扶贫工作。具体情况如下：

一、科技扶贫工作主要做法及成效

长期以来，科技部高度重视扶贫开发工作，从1986年起，原国家科委先后在大别山区、井冈山区、陕北等地区开展科技扶贫，围绕解决温饱问题、培育支柱产业、建立示范基地、培养乡土人才等，创造出“大别山之路”、“太行山道路”、“陕北合力扶贫”等科技扶贫经验。近年来，科技部深入贯彻党的十八大、十八届三中、四中全会精神，认真学习习近平总书记关于扶贫工作的系列讲话精神，积极落实国务院扶贫开发领导小组各项部署，紧密围绕贫困地区的科技需求，将科研开发与示范推广相结合，贫困地区经济发展与提高科技能力相结合，农村科技创业与新型农村科技服务体系建设相结合，定点扶贫、片区扶贫与行业扶贫相结合，扎实推进科技扶贫工作，取得了显著成效。

（一）深入推行科技特派员制度，促进贫困地区创新创业。持续开展科技特派员农村科技创业行动，引导和鼓励各地方创造了各具特色的科技特派员创业与服务模式，取得了良好成效，激发了广大科技人员和农民创业兴业的热情，为农村改革发展注入了新的活力。目前，科技特派员工作覆盖了全国90%的县（市、区），72.9万名科技特派员长期活跃在农村基层，形成利益共同体5万多个，直接服务农户1250万户，辐射带动农民6000多万人。

为切实推进贫困地区的科技特派员工作，2014年4月，科技部联合中组部、财政部、人保部和国务院扶贫办等部门下发了《边远贫困地区、边疆民族地区和革命老区人才支持计划科技人员专项计划实施方案》，当年落实中央财政投入2.2亿元，支持边远贫困地区、边疆民族地区和革命老区（简称“三区”）选派科技人员15041名，培训本土人才2355名。今后，该专项计划每年向全国“三区”县选派科技人员2万名，培养本土人才2500名，一直实施到2020年。

（二）加快先进实用技术的应用推广，促进贫困地区特色产业培育和农民增收。统筹安排星火计划、火炬计划、农业科技成果转化资金、中小企业创新基金、科技富民强县专项行动计划等科技计划，加强集成创新和引进消化吸收再创新，加快成熟适用技术在区域特色产业发展中推广应用，促进我国贫困地区产业培育和技术升级。2011 年 -2014 年间，累计帮助定点帮扶县引进项目资金近 3 亿元，帮助引进人才 5000 人次，引进技术 800 多项，成功培育了英山和光山的茶产业、永新和英山的蚕桑产业、安塞的棚栽业和苹果产业、佳县的红枣产业和设施养羊业，成为具有较高科技含量和一定产业竞争力的县域支柱产业，促进了农民增收脱贫。科技部定点帮扶的安塞县已于 2012 年脱贫。

（三）加强共性关键技术攻关，为中西部贫困地区发展提供有力的科技支撑。按照“有限目标，突出重点”的原则，针对喀斯特地区生态治理、生物种质资源开发与利用、特色农产品精深加工，以及贫困地区发展过程中的农村信息化、污水处理、乡村卫生、村镇规划等方面共性关键技术难题，在国家科技支撑计划设置地方参与项目，组织科研院所、大专院校、相关企业的科技力量与贫困地区共同攻关，取得了一批先进适用和示范的技术成果，为贫困地区经济和社会发展提供了有力技术支撑。

（四）推动构建信息化、社会化、多元化的新型农业社会化科技服务体系，努力解决贫困地区科技服务“最后一公里”问题。结合农村信息化示范省试点，围绕农村科技信息服务和远程教育等工作，以 12396 公益电话号码作为全国统一农业科技服务热线接入号码，构建全国统一的农村科技信息化服务平台，推动“平台上移、服务下延”，拓展服务功能，推动“三网融合”；筹备成立全国高等学校新农村发展研究院创新战略联盟，发挥高等学校新农村发展研究院在贫困地区的农技推广作用、农业科技园区的示范和孵化作用，以及科技特派员的带动作用，推动构建多元化、社会化的新型农业科技服务体系。先后促成井冈山市、英山县、佳县、魏县、光山县等贫困地区与有关高校、科研院所的产学研合作。

（五）加强科技示范，促进社会主义新农村建设。依托村镇建设综合技术集成示范等科技计划项目，在贫困地区组织开展科技扶贫示范乡村建设示范试点，在定点帮扶县形成“县有科技示范园，乡有科技示范村，村有科技示范户”的三级科技示范体系，建立了 40 多个科技扶贫示范基地，如井冈山市山陂楼村、安塞县侯沟门村、英山县东冲河村、光山县胡楼村、永新县樟枧村、佳县打火店村等，有效带动了当地经济建设和社会事业进步。

（六）开展多种形式的科技培训，促进贫困地区人才队伍建设。通过“科技扶贫远程课堂”、“星火科技 30 分”电视节目、全国科技活动周、“科技列车行”、“三区”人才计划培训、科技特派员农村创业等形式，针对贫困地区大力开展科技培训，提高了农民自我发展能力和水平，2011 年以来累计培训 10 万人次。

（七）建立挂职制度，实施团队扶贫。向定点县选派科技扶贫团是科技部定点扶贫工作的重要组成部分，也是科技部集成全部人力资源帮扶定点县的重要渠道。2011-2014 年共选派科技扶贫团 3 届，累计 30 人次。为了保证扶贫团选派和管理规范性，科技部还制定了《科技扶贫团管理办法》和《科技部科技扶贫团工作手册》，做到扶贫团岗前有培训、新老有交接、工作常交流、总结加考核，而且各项管理都制定详细工作程序和规定。科技扶贫团分为大别山团、井冈山团和陕北团三个分团，各分团均由司局级领导作为团长，带领两位挂职扶贫人员开展工作，既能保证定点扶贫各项工作的落实，又有效培养年轻干部。

（八）加强部门联合，认真做好片区扶贫攻坚联系工作。作为秦巴山片区牵头联系单位，积极与国家铁路局、中国铁路总公司等有关部门协同配合，成立了秦巴山片区区域发展与扶贫攻坚部际协调小组，共同推进《秦巴山片区区域发展与扶贫攻坚规划》的实施。针对片区内 80 个县（市、区），以及区内中小企业设计了《秦巴山片区县（市、区）科技创新能力及创业环境调查问卷》和《秦巴山片区中小企业技术进步调查问卷》，组织开展“秦巴山片区科技创业扶贫专题调研”，围绕片区创新创业能力、政策环境，以及创业案例、经验等进行全面、深入了解，提出了加强“一县一品”特色产业发展的工作思路。2014 年 11 月在湖北十堰组织召开秦巴山片区区域发展与扶贫攻坚工作推进会，协调相关行业部门共同推进秦巴山片区的扶贫攻坚与区域发展。同时，积极配合相关部门，做好其余集中连片特困地区扶贫规划的落实。

二、科技扶贫工作经验与体会

在地方政府、科技部门及社会各方面的大力支持下，科技扶贫工作取得了较好的成效，得到有关方面的肯定和好评。回顾多年来的工作经验及体会，总结起来有以下四点：

（一）部领导高度重视，从组织上提供了坚强保障。部领导多次深入革命老区和科技扶贫一线，对生态建设、产业开发和基层科技工作进行认真调研和指导，并且通过召开党组会、部务会等传达学习中央关于扶贫工作的重要指示精神，研究部署科技扶贫工作。以农村司、人事司、机关党委和农村中心为主成立了科技部科技扶贫办公室，负责科技扶贫日常工作，选派科技扶贫团到定点贫困县开展扶贫工作。

（二）注重突出“科技”特色，找准工作定位。在实践中找准科技工作切入点，始终把解决贫困地区建设和发展中的科技问题作为首要任务，集中有限资源，认真组织技术攻关，开展试点和示范，推广先进实用技术，加强科技培训，发挥带动作用。

（三）坚持以地方为主体，充分发挥贫困地区干部群众的积极性和创造力。积极推动“部省会商”机制，坚持以地方为主体，充分尊重并发挥地方政府和农民的主体性、积极性和创造性推动工作开展。

（四）积极争取社会各方面的广泛支持。与统战部、各民主党派中央和全国工商联形成了良好的合作机制，在毕节、黔西南等地区开展合力扶贫；发挥政府资源的杠杆作用，与有关社会力量联合开展捐助和公益培训；积极调动发挥科研机构、高等学校、企业和民间机构的力量，形成全社会关注、支持科技扶贫的大格局。

（科技部农村司　杨如）

财政部扶贫开展情况

2011-2014年，中央财政贯彻落实党中央、国务院关于农村扶贫开发的重要精神，按照《中国农村扶贫开发纲要（2011-2020年）》和中央扶贫工作会议的部署，一方面积极构建和完善财政综合扶贫政策体系，另一方面着力推进财政专项扶贫工作。

一、加大扶贫投入，构建和完善财政综合扶贫政策体系

近年来，中央财政贯彻落实《中国农村扶贫开发纲要（2011-2020年）》精神，多渠道增加扶贫投入，逐步构建了财政综合扶贫政策体系，不断加大对革命老区、民族地区、边疆地区和贫困地区扶持力度。一是不断加大对贫困地区的一般性转移支付力度。中央财政在安排一般性转移支付时，充分考虑财力缺口因素，对贫困地区，特别是中西部革命老区、民族地区、边疆地区等，支持力度要远远大于其他地区。二是专项转移支付对农村贫困地区给予了倾斜。在安排基础设施建设、教育文化、医疗卫生、社会保障、生态保护等相关专项转移支付时，对贫困地区、贫困人口给予了倾斜照顾。如在基础设施建设方面，利用可再生能源发展专项资金支持四川、青海等无电地区建设光伏发电设施；车辆购置税收入补助地方资金适当向中西部地区、老少边穷地区等倾斜；中央财政对贫困地区的农业综合开发项目执行较低的地方财政分担比例。医疗卫生和社会保障方面，相关专项转移支付向贫困问题较为突出的中西部地区倾斜；尤其在安排社会救助等资金时，将财政困难程度、贫困发生率、贫困地区农户数等作为参考因素；在农村危房改造中，采取了单列贫困地区任务、提高中央补助标准等措施。在教育发展方面，支持全面改善贫困地区义务教育薄弱学校基本办学条件；在连片特困地区实施农村义务教育学生营养改善计划。三是持续增加财政专项扶贫资金投入。2011-2014年，中央财政预算安排财政专项扶贫资金累计约1430.77亿元，年均增长16.87%。同时，拓宽扶贫开发投入渠道，安排专项彩票公益金41.25亿元，用于支持贫困革命老区推进农村扶贫开发。

财政综合扶贫投入渠道的建立和体系的不断完善，对强化财政扶贫投入、整合与统筹扶贫资源发挥了重要的支撑和引导作用。

二、创新财政扶贫机制，推进财政扶贫重点工作

中央财政在加大扶贫投入力度的同时，不断改革完善财政专项扶贫机制。一是以国务院扶贫开发领导小组名义印发了《关于改革财政专项扶贫资金管理机制的意见》，从资金分配机制、使用机制和监管机制等方面入手推进改革，在建立资金竞争性分配机制、下放资金项目审批权限到县级、提高资金使用精准度、集中力量解决突出贫困问题、强化地方监管责任、构建全面监管体系等方面提出了明确要求。二是修订印发了《财政专项扶贫资金管理办法》，对财政专项扶贫资金内涵、支持重点、使用范围、分配管理方法等方面进行了明确，特别是进一步完善了财政扶贫

资金因素分配法，增加了贫困深度和脱贫难度等指标作为分配因素。三是强化以结果为导向的资金分配机制。2014 年，中央财政将财政扶贫资金（奖励资金）规模从 3 亿元大幅度增加到 20 亿元，并将奖励资金的分配与各地扶贫成效和资金使用绩效挂钩，进一步调动了基层政府推进农村贫困地区、特别是集中连片特困地区扶贫开发的积极性，增强了地方政府管好用好财政专项扶贫资金的责任意识。四是加强财政专项扶贫工作，对贫困地区、贫困人口实施有针对性的扶持。主要包括：稳步推进“县为单位、整合资金、整村推进、连片开发”试点，探索连片推进扶贫攻坚的经验；通过奖励机制引导贫困村互助资金规范发展，帮助贫困群众缓解生产资金困难；推进完善雨露计划实施方式改革试点，支持农村贫困家庭初高中毕业后未继续升学劳动力接受职业教育和中长期技能培训，探索阻断贫困的代际传递；加大对少数民族扶贫开发工作支持力度，推进实施“兴边富民”、扶持人口较少民族发展、少数民族特色村寨保护与发展等工作；开展集中力量解决突出贫困问题试点，支持地方优先解决一批政治影响大、脱贫带动效果好的贫困问题；牵头组建贫困地区产业发展基金，探索利用市场机制推进贫困地区产业发展；以及统筹做好国有贫困农场、林场扶贫开发工作。

在财政扶贫开发工作的大力推动与其他各方减贫力量的共同努力下，2011-2014 年间的农村扶贫开发工作取得了明显成效。贫困地区道路、水利、通电等基础设施进一步改善，教育、医疗、社会保障等公共服务水平进一步提升，经济社会各项事业进一步发展。

下一步，中央财政将继续贯彻落实党的十八大和十八届三中全会精神，按照财政改革有关要求和工作部署，把扶贫开发工作摆到更加突出的位置，认真履行好财政部门的职责，不断健全财政扶贫政策体系，持续加大财政扶贫投入，着力推进精准扶贫，切实加强财政扶贫资金管理，促进贫困地区加快发展步伐，帮助贫困人口增收。

（财政部农业司 吴文智）

交通运输部扶贫开展情况

习近平总书记指出："交通基础设施建设具有很强的先导作用，特别是在一些贫困地区，改一条溜索、修一段公路就能给群众打开一扇脱贫致富的大门"。李克强总理也强调，我国人均公共设施存量远低于发达国家水平，"要想富，先修路"这句话没有过时，交通要真正成为发展先行官。

交通运输是扶贫开发和经济稳增长的重要内容，是贫困地区扶贫攻坚的基础性、先导性条件。交通运输部高度重视贫困地区交通运输发展，从"八七扶贫攻坚"开始，注重有计划、有针对性地开展交通扶贫工作。2011 年中央扶贫开发工作会议之后，更是加大工作力度，把集中连片特困地区交通扶贫工作作为重中之重，专门成立了扶贫开发工作领导小组和办公室，制定了交通建设扶贫规划，加大支持力度，并扎实做好联系六盘山片区、定点扶贫阿坝州、对口支援安远县等扶贫专项工作，走出了一条具有交通特色的扶贫开发道路。

2014 年，习近平总书记作出重要批示，高度肯定了交通运输部的工作："近十年农村公路建设成绩斐然，为改善农民生产生活条件做出了重要贡献"。

一、交通建设扶贫

2012 年，交通运输部编制了《集中连片特困地区交通建设扶贫规划纲要（2011—2020 年）》和 11 个片区专项规划，并与片区各省（区、市）人民政府签订共建协议，明确了各片区到 2020 年交通运输的发展目标和重点任务。规划以解决制约贫困地区交通运输发展瓶颈问题、推进交通运输基本公共服务均等化为主攻方向，以构建集中连片特困地区"外通内联、通村畅乡、班车到村、安全便捷"的交通运输网络为目标导向，进一步强化集中连片特困地区交通基础设施建设，大力提升运输服务能力和水平，着力提高交通运输抗灾和应急保障能力，到 2015 年，提高贫困地区县城通二级及以上高等级公路比例，除西藏外，西部地区 80% 的建制村通沥青（水泥）路，稳步提高贫困地区农村客运班车通达率，解决溜索等特殊问题。到 2020 年，实现具备条件的建制村通沥青（水泥）路和通班车。

根据规划，交通运输部在"十二五"规划已经向西部地区和"老少边穷"地区倾斜支持的基础上，再次提高集中连片特困地区交通建设补助标准。以西部为例，乡镇通沥青（水泥）路、建制村通沥青（水泥）路和二级以下普通国道升级改造的补助标准分别较"十一五"提高了 100%、150% 和 260%，力度空前。整个"十二五"期间用于 11 个片区和西藏、四省藏区、新疆南疆三地州等 3 个明确实施特殊政策地区交通建设的车购税总额超过了 5500 亿元，占"十二五"公路建设车购税资金总量的 45%。

2012-2014 年，交通运输部累计安排超过 3600 亿元车购税资金，支持 14 个片区建设 5.5 万公里国省道和 24 万公里农村公路，合计解决了 3.1 万个贫困村的群众出行难题。截至2014年底，西部地区建制村通硬化路率达到72.3%，比2011年底提高了21.1个百分点，为贫困地区脱贫致富提供了强有力的交通运输保障。

二、联系六盘山片区

根据国务院扶贫开发领导小组的统一部署，交通运输部被确定为六盘山片区联系单位。2012年开始，交通运输部按照片区联系工作的有关要求，认真履行联系单位职责。（1）扎实推进六盘山片区交通建设扶贫规划，支持片区加快建设“外通内联、通村畅乡、班车到村、安全便捷”的交通运输网络。（2）深入开展调查研究，部领导多次赴片区开展实地调研，协调解决扶贫攻坚问题，并把甘肃临洮和宁夏西吉两县交通运输局作为第二批党的群众路线教育实践活动联系点。（3）深化干部交流培训，派出3批优秀干部赴片区基层挂职，并先后组织实施了6个干部培训项目、1个高层次人才培养项目、4个高层次学历教育培养项目和2个交通职业院校师资互派交流项目。（4）加强部际协调联系，2013年、2014年先后在宁夏固原和北京组织召开两次片区扶贫攻坚部省协调推进会，积极协调中央有关部门研究解决片区扶贫攻坚的新情况、新问题。（5）深入开展六盘山片区扶贫试点，在片区选取5个贫困县开展交通扶贫试点，在政策上给予一定倾斜支持，积极探索扶贫工作体制机制创新，为“十三五”制定扶贫工作目标、重点、标准和政策探索路径、积累经验。

三、定点扶贫阿坝州

根据国务院的统一部署，交通运输部负责定点扶贫四川阿坝州的黑水、小金、壤塘三个国家扶贫工作重点县。交通运输部围绕藏区跨越式发展和长治久安的工作大局，把推进阿坝州定点扶贫工作作为保障和改善民生的大事，细化工作思路，加强项目管理，注重扶贫实效。一是抓好干部帮扶，2011-2014年间，先后选派了两批干部驻阿坝州挂职工作，积极开展交通人才培训，加强对阿坝州的交通智力支持。二是制定并实施《阿坝交通扶贫规划纲要》，强化交通建设扶贫，2011-2014年安排50个交通扶贫项目，总投资近8.7亿元，支持黑水、小金、壤塘三县及其周边地区改善交通条件。

交通运输部定点扶贫阿坝州社会反响良好，2013年入选“全国社会扶贫创新案例”，同时，驻阿坝州扶贫联络组（第二批）获评“中央国家机关等单位定点扶贫先进集体”。

四、对口支援安远县

按照国务院办公厅《关于印发中央国家机关及有关单位对口支援赣南等原中央苏区实施方案的通知》的有关要求，交通运输部负责对口支援江西安远县。2013年12月，交通运输部印发《交通运输部对口支援安远县振兴发展工作方案》，在部省会谈纪要和交通扶贫规划框架下，加大对安远县“外通内联、通村畅乡”公路交通网络建设的倾斜支持力度，同时加强人才技术支持，加强业务指导协调，积极构建交通运输与民生、产业相结合的对口支援工作格局。

通过各方面的共同努力，到 2020 年，力争实现赣州市综合运输水平显著提升，安远县交通运输基础设施条件明显改善，城乡客货运输服务效率有效提升，交通运输安全水平和防灾抗灾能力明显提高，特色优势产业加快发展，基本公共服务水平主要指标达到全省平均水平，为实现安远县、赣南等原中央苏区与全国同步建成小康社会目标提供重要支撑。

五、“溜索改桥”建设

2012 年“两会”期间，国务院扶贫办提出联合交通运输部开展西部地区“溜索改桥”工作。为解决好西部边远山区群众仍然主要依靠溜索出行的特殊问题，2012 年，两部门对全国溜索情况进行为期 10 个月的全面核查。2013 年，交通运输部与国务院扶贫办签署了《关于贫困地区“溜索改桥”合作备忘录》，商财政部同意后于 2013 年 9 月联合编制了《“溜索改桥”建设规划（2013-2015 年）》，在“十二五”后两年将四川、贵州、云南、陕西、甘肃、青海、新疆等 7 个省（区）的 289 对溜索改造成相应的车行桥或人行桥，并配套建设连接道路，项目总投资约 32 亿元，其中中央投资占 80%。项目建成后，将惠及七省区的 904 个建制村、95.77 万农民群众。

（交通运输部扶贫办　汪忠）

农业部扶贫开展情况

农业是贫困地区的基础产业和民生产业。“十二五”以来，农业部认真贯彻落实中央扶贫开发工作会议精神和《中国农村扶贫开发纲要（2011-2020年）》，按照“实施精准扶贫、精准脱贫”要求，立足贫困地区实际，采取有效措施，加大工作力度，努力促进贫困地区农业发展和农民增收。

一、农业部扶贫开发工作的主要做法

农业部积极探索新时期扶贫开发之路，初步构建起以规划引领、资金扶持、技术支撑、人才培养、市场开拓、生态保护为重点的扶贫工作长效机制。

（一）坚持科学规划，理清发展思路和重点。农业部坚持输血与造血相结合，强化规划引领。从2012年起先后印发了《农业部关于加强农业行业扶贫工作的指导意见》、《农业行业扶贫开发规划（2013-2010年）》、《支持西藏农牧业发展规划（2012-2020年）》、《支持四省藏区农牧业发展规划（2012-2020年）》、《大兴安岭南麓片区农牧业发展规划（2012-2020年）》、《特色产业增收工作实施方案》等一系列规划和指导意见，为贫困地区农业发展和农民脱贫理清了思路，指明了方向。

（二）坚持政策倾斜，强化特殊支持。近几年，农业部立足贫困地区农业发展的特殊性，谋划有针对性的扶持政策。2011年，农业部按照中央新疆工作座谈会和中央第五次西藏工作座谈会的精神，推动新疆小麦良种补贴标准从每亩10元提高到每亩15元；落实了西藏青稞、牦牛、马铃薯等良种补贴政策，其中青稞良种补贴每亩10元；进一步提高了户用沼气补助标准，新疆一般地区每户中央补助标准由1500元提高到2000元，南疆三地州和青海藏区提高到每户3000元，西藏由2200元提高到3500元。

（三）坚持加大投入，培育壮大主导产业。农业部紧紧围绕贫困地区农业主导产业加大投入，提高贫困地区农业综合生产能力。2011-2014年，农业部会同国家发改委、财政部累计安排14个片区涉农资金950多亿元。其中，农业基本建设资金270多亿元，重点用于退牧还草、沼气工程、退耕还林、基层农技推广体系、动物防疫体系、千亿斤粮食工程、种养业良种繁育等。安排中央财政专项资金680多亿元，重点用于良种补贴、农资综合补贴、测土配方施肥补贴、农机购置补贴、草原生态保护补助奖励、农村劳动力转移培训补助等。2014年，农业部针对南疆肉羊供需矛盾突出的问题，积极协调国家发改委安排专项资金支持南疆肉羊良种繁育体系建设项目，2015年已安排资金1亿元。

（四）坚持科技扶贫，提高自身发展能力。近几年，农业部依托基层农技推广体系改革与建设补助项目，进一步完善“包村联户”为主的工作机制和“专家+农业技术人员+科技示范户+辐射带动户”的服务模式，切实解决贫困农户技术需求。2013年以来每年组织专家，帮助14个片区遴选农业适用品种和技术，全网发布并直接寄送到各省农业和扶贫系统。为确保科技进村入户，向大兴安岭南麓片区、新疆、西藏等地区赠送了农业科技直通车。

（五）坚持人才培养，增强发展后劲。农业部不断加大对贫困地区农民培训的支持力度，加快提升农村劳动力科技素质、职业技能和经营能力。每年举办定点扶贫地区、大兴安岭南麓片区、新疆、藏区农民培训班各一期。依托新疆沙湾县三道沟村、西藏曲水县才纳村基地，每年为新疆、西藏、四省藏区培养千余名农村发展带头人。组织贫困地区有关人员参加国家重点龙头企业负责人、西部农产品加工业高层管理人员、乡镇企业管理人员、畜禽养殖技术大讲堂、田间管理技术等一系列培训班。同时，积极与贫困地区互派干部挂职锻炼，目前30多名援藏、援疆、援青、扶贫联络组干部及博士服务团成员在贫困地区挂职锻炼，同时接收了10多名“西部之光”访问学者以及贫困地区挂职干部。

（六）坚持保护生态环境，促进农业可持续发展。支持贫困地区保护生态环境，避免走先发展后治理的老路。推进种养循环。农业部把农村沼气建设作为扶贫的重要内容，农村沼气项目优先向贫困地区倾斜，定点扶贫的湘西州和恩施州实施“生态家园富民工程”，建成户用沼气池80万口，占适宜地区农户的57%，形成了“猪－沼－茶”、“猪－沼－果”等循环农业发展模式。坚持草原生态环境恢复。实施草畜平衡制度，通过新一轮退耕还林还草、退牧还草及草原生态保护补助奖励政策等，配合发改、财政等部门近两年来每年投入资金约170亿元，开展草原围栏、饲草基地和圈舍建设。开展农村环境治理。在丹江口库区、秦巴山区等贫困山区开展面源污染防治，推广农业标准化生产、清洁生产、循环发展等技术。

（七）坚持开拓市场，促进农业产业化经营。支持贫困地区举办农产品推介会、农超对接、农社对接、农校对接等活动，通过在CCTV7、农民日报、中国农业信息网等媒体免费广告、开设专栏等多种形式，宣传推介贫困地区特色农产品，引导社会力量参与贫困地区特色产业开发。2010年起，每年农业部与新疆共同举办了新疆农产品北京交易会，交易额均达到100亿元以上。积极与阿里巴巴、京东等电商对接，搭建农产品销售网，帮助贫困农户拓宽销售渠道。

二、农业扶贫开发工作成效

近年来，农业扶贫开发工作在推动贫困地区特色产业发展、提升农业科技水平、保护生态环境方面取得了显著的成效，受到了贫困地区基层干部群众的好评，贫困地区自我发展能力不断增强。

（一）特色产业不断发展壮大。通过帮扶，贫困地区优势特色产业不断发展壮大，成为当地群众脱贫致富的稳定来源。地处武陵山区的湖北恩施州茶叶面积已达120万亩，湖南湘西州椪柑、猕猴桃等水果基地约150万亩，成为农民致富的摇钱树。2014年恩施农民人均可支配收入7194元，2010年以来年均增长16.1%。贵州毕节的威宁县在农业部的支持下已经初步形成了马铃薯、茶叶等特色产业带，2014年农民人均可支配收入6196元，是2009年的2.4倍。

（二）科技水平不断提升。农业技术服务是农业部的优势，长期以来，农业部积极支持贫困地区提升农业科技水平。农业部把帮扶恩施州农科院作为扶贫工作的重中之重，恩施农科院先后承担了脱毒种薯原原种扩繁基地、恩施州国家级作物新品种区域试验站、湖北省小麦原原种基地等近 20 个国家基本建设项目，支持开展科技人员培训和科技下乡活动，使恩施农业科技进入飞速发展的快车道。近 10 年来，获地市级以上科研成果奖励近 30 项，获专有证书、鉴定成果近 50 项，发表科技论文 200 多篇。支持毕节地区通过农业部积极推广杂交玉米、脱毒马铃薯和玉米育苗移栽等良种良法，科技在粮食生产中的贡献份额由 2009 年 30% 上升到现在的 45% 以上，粮食单产从 2009 年的 202.4 公斤增加到目前的 268.4 公斤。

（三）生态环境得到有效保护。贫困地区大都生态环境脆弱，通过有针对性地帮扶，切实保护了贫困地区的生态环境。在西藏，农业部选派沼气技工进藏指导沼气建设，60 多万农牧民用上了清洁能源，彻底改变了藏区农牧民千百年来烟熏火燎的生活习惯，促进了种养业协调发展，保护了农牧区生态环境。在四省藏区，通过退牧还草工程、草原生态保护奖励补助政策等，草原生态持续恶化的趋势得到初步遏制，局部草原生态状况明显改善。甘肃藏区天然草原中度以上退化面积减少 655 万亩，青海三江源地区草原植被盖度平均提高 11.6 个百分点，四川、云南藏区天然草原干草平均每亩产量约 76 公斤，分别比 2010 年提高 18.8%、24.1%。

三、主要经验

（一）立足实际、实行分类指导是做好扶贫工作的基本要求。农业部在扶贫过程中坚持因地制宜，充分考虑当地资源条件、经济社会发展水平和农民群众的承受能力。如在研究西藏、新疆和青海等民族地区扶贫时，农业部针对不同地区的不同资源状况，提出了农牧业发展的不同思路和重点，例如：西藏应首先解决农牧民生产生活问题；新疆应重点发展优势产业和特色产业；青海应把保护草原生态环境作为首要任务，通过实施退牧还草工程、草原生态保护奖励补助等增加农牧的政策性收入。

（二）突出重点、解决现实问题是做好扶贫工作的切入点。农业部始终把改善农牧民生产生活条件、增加农牧民收入作为工作重点，充分发挥在农牧业在扶贫中的作用，通过农技推广、农牧民培训、农产品市场开拓等方式，为贫困地区安排民生项目，优先解决贫困地区人民群众最关心、最直接、最现实的利益问题。

（三）统一规划、整合多种资源是做好扶贫工作的有效方式。随着国家区域协调力度的加大，各种渠道的资金和项目不断向贫困地区加大支持力度。农业部通过制定规划，整合各类资源，统筹使用资金和项目，吸引资金集中投入、重点建设，初步形成了具有市场竞争优势的特色产业，带动了贫困地区农牧业发展，取得了良好成效。

（四）满怀深情、树立优良作风是做好扶贫工作的重要保障。贫困地区大多地处边远，开展扶贫工作面临自然环境恶劣、风俗习惯差异大、语言沟通不便等诸多困难。多年来，农业部干部职工始终怀着对党和国家事业的忠诚，带着对贫困地区的深厚感情，以良好的精神状态、求真务实的工作作风开展工作。部领导坚持每年都深入藏区，有的干部一年要到青藏高原数次，通过深入了解农牧民的生产生活状况，为当地解决实际困难，切实把党和国家的关怀带到贫困户心中，得到了当地广大干部群众的赞誉和支持，成为农业部做好扶贫工作的强有力保障。

（农业部计划司 周振亚）

卫生计生委扶贫开展情况

2011年以来，卫生计生委认真贯彻落实党中央、国务院关于扶贫工作的决策部署，制定印发《“十二五”期间卫生扶贫工作指导意见》和《关于扎实推进农村卫生和计划生育扶贫工作的实施方案》，切实加强组织领导，创新工作机制，不断加大扶贫工作力度，推进贫困地区卫生计生事业发展。

一、健全基本医保体系，农村贫困人口医疗保障水平不断提高

新型农村合作医疗人均筹资水平从2011年的230元提高到2014年的410元，人均政府补助标准由2011年200元提高到2014年320元，新农合政策范围内门诊费用和住院费用报销比例分别保持在50%和75%以上。在贫困地区全面推开22种重大疾病保险试点工作，2014年度大病保险筹资155.4亿元，实际补助242.6万人次，大病患者实际报销比例提高10-15个百分点。设立了疾病应急救助基金，2014年已有32.9万人获得救助。逐步探索建立基本医保、大病保险、医疗救助和应急救助的衔接机制，农村贫困群众就医“接力”保障初步形成。

二、加强基础设施建设，贫困地区基本医疗卫生服务条件明显改善

2011-2014年共安排中央专项投资792.7亿元支持贫困地区9.6万个卫生计生机构基础设施建设。2014年全国贫困县医院数比上年增加7.1%；医疗卫生机构床位数比上年增长8.9%，其中片区县医疗卫生机构床位数81.9万张，比上年增长9.3%，高于全国6.8%的平均增长速度；乡镇卫生院基础设施建设达标率达70.6%，与2013年相比上升4.0个百分点，极大地改善了贫困地区卫生计生服务条件。

三、实施人才综合培养，贫困地区医疗卫生队伍建设得到加强

通过县级医院骨干医师培训、全科医生规范化培养、全科医生转岗培训、农村订单定向免费医学生培养、西部卫生人才培养、农村卫生人员培训、社区卫生服务人员培训等项目，2014年为贫困地区培养卫生计生人员近11万人次。在山西省大宁县、江西省于都县、陕西省清涧县，开展贫困地区卫生计生人才综合培养试点，通过创新工作机制、统筹人才培养培训项目、建立人才绿色通道等措施，充分调动中央和地方积极性，努力缓解掣肘贫困地区卫生计生事业发展的人才紧缺问题。截至2014年底，我国扶贫县区卫生人员数比上年增长5.1%，其中，片区县卫生人员数比上年增长5.7%；全国贫困县拥有至少1名全科医生的乡镇卫生院占比比2013年提高7.5个百分点。

四、开展医疗卫生帮扶行动，贫困地区医疗卫生服务能力有效提高

深入实施城乡医院对口支援工作、万名医师支援农村卫生工程，推进城市三级医院对口支援贫困地区县级医院、二级以上医疗机构对口支援乡镇卫生院，开展贫困地区巡回医疗工作，2014 年，派遣 8320 名医务人员对贫困地区县级医院进行重点帮扶，派出 10932 名医技人员对口支援 3644 所乡镇卫生院，为中西部地区培训乡村两级卫生人员及县乡卫生管理人员 56 万人次，派出 10 支国家医疗队赴贫困地区开展巡回医疗，贫困地区卫生计生服务能力和水平得到明显提升。

五、加强公共卫生工作，贫困地区群众健康水平明显提升

贫困地区公共卫生服务项目覆盖面继续扩大，人均基本公共卫生服务经费补助标准由 2011 年 20 元提高至 2014 年的 35 元。大力开展国家免疫规划、艾滋病防治、结核病防治等工作。继续开展增补叶酸预防神经管缺陷、农村妇女“两癌”筛查、农村妇女住院分娩补助等项目，共计使 559.7 万名农村妇女受益。实施贫困地区儿童营养改善和新生儿疾病筛查项目，累计为集中连片特困地区贫困家庭 137 万名 6-24 个月的婴幼儿每天补充 1 包营养包，为 132.5 万名新生儿开展免费筛查，有效改善了农村贫困儿童营养和健康状况。继续实施计划生育利益导向奖励扶助、特别扶助、“少生快富”三项制度，共计奖扶 265 万人，促进计划生育家庭发展。

同时，广泛动员社会力量参与卫生计生行业扶贫。建立了卫生计生行业专项扶贫基金—“健康暖心”扶贫基金。在吕梁山片区 4 个定点扶贫县实施“健康暖心”工程，为特殊困难家庭及人群提供大病救助、医疗补助、养老服务救助及实施先天性心脏病儿童免费救治等“一免三助”服务，受益人口近 4 万人。启动实施“健康暖心—锐珂贫困地区基层医生培训润土计划”，为贫困县培训妇科、儿科、影像及检验等主要科室临床医生。

此外，启动建设卫生计生扶贫工作监测系统。在卫生统计、医改监测等信息平台的基础上，启动建立面向 832 个县的卫生计生扶贫工作监测系统，全面收集贫困地区卫生计生基本数据、卫生计生资源配置、医疗及公共卫生服务提供情况和扶贫重点项目开展情况，每年提供年度监测报告，为项目、资金安排提供更加准确的依据，为研究制定有针对性的政策、措施、实施卫生计生精准扶贫提供决策参考。

（卫生计生委财务司 曾伟）

审计署扶贫开展情况

2011-2014 年，审计署高度重视定点扶贫工作，认真贯彻落实中央扶贫开发工作会议精神和《中国农村扶贫开发纲要（2011—2020 年）》，印发了《审计署关于进一步推进定点扶贫工作的意见》，全面部署河北省顺平县的定点扶贫工作。在积极增加扶贫资金投入的同时，继续选派优秀中青年干部挂职扶贫，发挥审计优势，大力推进智力扶贫，在教育扶贫、产业扶贫、解困济难、招商引资和行业帮扶等方面做了大量工作，积累了工作经验，取得了较好成效。

一、认真学习贯彻中央扶贫开发工作会议精神，专题研究定点扶贫工作并出台意见，全面部署定点扶贫工作

中央扶贫开发工作会议召开以后，审计署专门召开审计长办公会议，学习贯彻中央扶贫开发工作会议精神，专题研究对河北省顺平县的定点扶贫工作。根据《中国农村扶贫开发纲要（2011—2020 年）》，结合审计工作实际，研究出台了《审计署关于进一步推进定点扶贫工作的意见》（以下简称《意见》）。《意见》要求署内各单位认真学习贯彻中央扶贫开发工作会议精神，充分认识定点扶贫工作的重要意义，发挥审计优势，进一步加强定点扶贫工作，推动定点扶贫县尽早脱贫。《意见》在明确了审计署定点扶贫工作思路的基础上，提出了下一个十年进一步加强定点扶贫工作的 4 项措施和任务。《意见》为做好新时期定点扶贫工作指明了方向，明确了重点和任务，打下了坚实基础。

二、领导带头，捐资助学，大力开展教育扶贫，深受顺平县广大师生和家长的赞誉

近些年来，审计署领导多次到顺平县展开慰问活动，大力开展教育扶贫。2012 年 3 月，到顺平县贫困山区安阳乡中学与师生共同开展学习雷锋主题日活动，带头捐款 20 多万元援建了一个当地最高标准电教室，解决了师生上电脑课难的问题。2014 年 8 月，审计署投资约 13 万元，为该校新建了供水设施，解决了越来越严重的师生用水难的问题。

从 2012 年开始，审计署每年从办公经费中节约出 30 万元，在顺平县启动了“审计长奖（助）学金”项目，并加强该项资金的监督和管理，取得了显著效果。一是解决了贫困学生的家庭困难，让群众感受到了党和政府的关爱，推进了教育公平和谐；二是培养并树立了先进学生典型，帮他们形成了正确的人生价值观，弘扬了中华传统美德；三是引导和激励了学生刻苦学习，营造了争做新时代小雷锋的氛围，促进了学生全面发展。

近年来在“六一”儿童节来临之际，审计署领导和培训中心全体干部职工组织捐款累计约 18.6 万元，为顺平县特殊教育学校的聋哑、智障儿童全面维修更新教学

和生活设施，购买生活、学习和体育用品。目前该校已成为保定市一流的特殊教育学校，吸引了附近众多残疾少年儿童慕名入校学习。

审计署长沙、上海、长春等特派员办事处积极向顺平县贫困学校捐助旧电脑等设备物资，有力地改善了贫困山区电教条件。在此基础上，审计署筹资 50 多万元，按照“全县最先进、价格不太高”的原则，为顺平县清秀等 4 所特别贫困小学全面购置和更新课桌椅、教师教学办公用品、电教室、校服等设备。审计署对口更新的学校现已成为该县条件最好、标准最高、最有活力的样板学校。2014 年 8 月，在署领导的直接关心下，组织捐赠华审宾馆包括旧床铺、被褥、桌椅和电视等价值约百万元的客房设施，配套顺平县两个中学教职工宿舍的建设，极大节约了教育经费支出。

三、科技富民，产业兴村，大力开展产业扶贫，实现整村脱贫，发挥示范带动作用

根据顺平县扶贫规划，顺平县政府推荐特困村阳辛庄村作为审计署的对口扶贫村。按照“集中力量、科技富民、产业兴村、整村脱贫、示范带动”的社会扶贫工作思路，帮助村民更新理念，邀请专家现场指导，建立专业合作社，发展种植养殖小区，建立了“龙头企业加专业合作社加农户”的产业链。2012 年共投资和协助引进各类资金和贷款 100 多万元，在该村因地制宜地实施了生态黑猪养殖等几个配套的符合循环经济理念的产业扶贫项目，培育高档有机农产品，提升产品价值。在发展经济的同时，注意改善本村生态环境，组织村民大力实施雨季造林，种植松柏 10 万多株，成活率 90% 以上，荒山绿化已见雏形，成为附近唯一绿化的荒山。顺平县将审计署扶贫项目作为全县产业扶贫和整村脱贫的典型项目、亮点工程，多次接待外地观摩学习和上级领导视察，受到保定市和河北省相关部门领导的肯定。

四、抓住重点，解困济难，切实解决特殊困难群众燃眉之急，把党和政府的温暖送到百姓心中

瞄准“最受社会关注、最需要帮助的对象、最迫切解决的问题”，积极联系争取各类社会慈善资金，大力开展解困济难活动。累计组织慰问了南安全、西百司城等 7 个村庄的 500 多户 2000 多名贫困村民和贫困老党员等特殊困难群众，物资折款 30 多万元。投资 10 万余元为饮水特别困难的青榆沟村建设了 2 个水窖，为东荆尖村打了一口 160 米深的机井，解决了 800 多名村民饮水困难。在贫困村阳辛庄建设了全县第一个“农民科技文化信息站”，配置 8 台上网电脑和 500 多册农业养殖、种植、文化等书籍，方便农民查阅信息资料，增长了农民科技知识，丰富了文化生活。审计署培训基地和宾馆定点向顺平县招收待业青年，联系中华儿慈会在顺平县开展“助困汽车美容技能培训”项目，免费招收全县贫困孩子到北京三星汽车工程学校学习汽车美容和修理并安排就业，大力联系北京、石家庄、保定等地各类用工单位来顺平县招工，帮助贫困青年就业。

五、积极协调、协助开展招商引资活动，促进“输血式”扶贫向“造血式”扶贫转变

针对顺平县工业基础薄弱的情况，发挥审计专业优势，帮助县委县政府完善招商引资规范和激励措施，深入分析挖掘顺平县资源优势，帮助整理整合土地等各种资源，帮助加强省级开发区“顺平工业聚集区”的建设和管理，增强自身吸引力和招商引资条件。抓住保定市某一家国有企业准备转型扩产和外迁的机会，积极帮助顺平县招商。积极推介和邀请北京、山东、天津、广东等地的客商来顺平考察投资项目，帮助谋划一个电子商务物流园项目。协调顺平县与中国开发区协会、中国招商引资协会等专业招商引资单位的合作，邀请国资委等相关部门领导和专家到顺平指导招商引资，促进该县与国家、省相关部门和银行等单位的联系。协助深入挖掘顺平县文化资源，帮助邀请国家体育总局武术协会领导到顺平县指导并出席顺平县举办的“中国孙式太极拳交流大会”，大力发展文化产业。

六、加强培训，全面加强地方审计机关建设，促进树立科学审计理念，提高审计工作能力

根据审计署领导“定点扶贫首先要做好对当地审计部门帮扶”的指示精神，大力开展以“树立科学审计理念、提升审计工作能力”为主题的审计机关建设活动。审计署挂职扶贫干部组织县审计局人员定期集中学习，邀请审计署、河北省审计厅相关审计专家来县里讲课，安排县审计人员免费参加审计署举办的各类适合的培训班，派业务骨干直接参加审计署的审计项目在实战中学习等。近年来，顺平县审计局在全市审计系统、全县各项评比中都名列前茅，获得多项表彰奖励。

（审计署外资运用审计司　刘伟）

国务院扶贫办扶贫开展情况

李克强总理在2014年政府工作报告中提出："要优化整合扶贫资源，实行精准扶贫，确保扶贫到村到户。引导社会力量参与扶贫事业。今年再减少农村贫困人口1000万人以上"。国务院扶贫办把2014年作为精准扶贫的启动之年，社会扶贫的创新之年，狠抓扶贫创新方式的改革，大力实施精准扶贫工作，引导社会力量参与扶贫事业，各项工作取得了新进展新成效。

一、主要做法

（一）以改革为动力，创新扶贫机制

1. 推进贫困县三项机制改革。一是中央组织部、国务院扶贫办印发了《关于改进贫困县党政领导班子和领导干部经济社会发展实绩考核工作的意见》，河北、山西、浙江、广东、贵州、甘肃6省已出台扶贫工作考核办法，新疆将扶贫工作成效纳入绩效考评、干部考核、精神文明创建等体系。二是国务院扶贫办会同有关部门制定了建立贫困县约束机制的文件，对贫困县必须作为、提倡作为、禁止作为等事项进行规定，将以国务院扶贫开发领导小组名义印发实施。三是国务院扶贫办会同有关部门对贫困县退出机制进行了调查研究，河北、贵州、甘肃等省份制定了贫困县退出标准、程序、奖励办法和脱贫时间表。

2. 建立精准扶贫机制。国务院扶贫开发领导小组将建档立卡作为今年的一号工程，会同有关部门制定了《建立精准扶贫工作机制实施方案》和《扶贫开发建档立卡工作方案》，指导各地开展工作。28个省（区、市）都成立了跨部门的建档立卡工作领导小组，制定出台了建档立卡实施方案。

3. 开展干部驻村帮扶。各地结合第二批党的群众路线教育实践活动，在原有工作基础上，全面部署干部驻村帮扶工作。贵州按照真选实派、真蹲实驻、真帮实干、真脱实富要求，体现帮扶单位优势与贫困村实际相结合的原则，安排联建帮扶。广东抓住选派、培训、制度、管理和考核五大环节，抓好调查摸底、科学规划、资金筹集、工作落实、基层组织建设五件实事，驻村帮扶抓出新成效。

4. 推进扶贫资金项目管理机制改革。国务院扶贫开发领导小组印发了《关于改革财政专项扶贫资金管理机制的意见》，建立以结果为导向的资金分配机制，将项目审批权限原则下放到县，强化省市两级政府的监管责任，简化资金拨付流程，建立信息披露和公告公示制度，推进第三方监督、扶贫对象参与管理，严格查处违法违规问题。福建、广西、西藏出台财政扶贫资金管理机制改革意见。

5. 推进金融扶贫方式创新。人民银行、财政部、银监会、证监会、保监会、扶贫办、共青团中央印发了《关于全面做好扶贫开发金融服务工作的指导意见》，联合召开全国扶贫开发金融服务电视电话会议进行部署。扶贫办、财政部、人民银行、银监

会、保监会等五部门印发《关于创新发展扶贫小额信贷的指导意见》，对扶贫小额信贷目标原则、扶持范围和方式、政策措施和组织保障提出明确要求。国家开发银行、农业银行、进出口银行与扶贫办签订了战略合作协议。

6. 创新社会扶贫参与机制。国务院将10月17日设立为扶贫日，为广泛动员社会各方面力量参与扶贫开发搭建了新的制度平台。国务院第一次召开全国社会扶贫工作电视电话会议，国务院扶贫开发领导小组第一次表彰社会扶贫先进集体和先进个人，国家第一次印发社会扶贫指导性文件，汪洋副总理主持召开社会扶贫座谈会，全面部署社会扶贫工作，要求创新完善人人皆愿为、人人皆可为、人人皆能为的社会扶贫参与机制。

（二）以精准为目标，扎实推进扶贫重点工作

1. 继续加大扶贫投入力度。2014年，中央财政安排专项扶贫资金433亿元，比上年增长10%。据各省上报，28个省份省级财政预算安排扶贫资金265亿元，比上年增长27.3%。省级财政投入总量10亿以上、增长超过30%的有贵州、内蒙古、江苏、四川、陕西、新疆和甘肃等7省区。

2. 实施精准扶贫重点工作。各地积极实施精准扶贫，加大对贫困村贫困户的扶持力度。一是整村推进规划继续实施。四川以彝家新寨、藏区新居、巴山新居建设为主，结合发展乡村旅游，建设幸福美丽新村。海南省委省政府把实施贫困村整村推进扶贫开发列为十大为民办实事之首。二是易地扶贫搬迁稳步推进。江西契合城镇化，互动工业化，引导农村贫困人口有组织的流向小城镇、工业园区。三是雨露计划取得新进展。广东广西开展对口帮扶职业教育协作试点，利用广东优质教育资源，异地培养广西贫困地区新成长劳动力。新疆生产建设兵团组织实施少数民族职工群众技能振兴计划，组织开展转移就业培训。

（三）以创新为手段，开拓社会扶贫新形式

1. 组织开展首个扶贫日活动。首个扶贫日来临之际，习近平总书记、李克强总理专门作出重要批示，产生了广泛深刻社会影响。各地各部门高度重视，积极响应，31个省区市党委政府主要领导都对做好首个扶贫日活动作出批示，提出要求，各地普遍开展了各具特色的扶贫日活动，起到了引领和动员社会各界凝聚共识、参与扶贫的积极作用。

2. 探索民营企业、社会组织和公民个人参与扶贫有效方式。安徽、河南等省探索搭建社会扶贫信息服务平台，将贫困村贫困户需要帮扶的项目公开，供社会各界认领认捐。山西深入开展百企千村产业扶贫开发工程。广西启动了千家民营企业扶助千个贫困村活动。万达集团启动实施对口帮扶贵州丹寨“整县脱贫”行动，探索民营企业参与扶贫开发的新模式。

二、进展成效

（一）千万减贫任务如期实现

李克强总理在政府工作报告提出 2014 年 1000 万减贫任务后，扶贫办会同有关部门，要求各地按照全年减少贫困人口 15% 的目标来制定计划，经过两上两下，各省计划减贫 1487 万人，减贫比例达到 18%。各地逐级分解、层层落实。确保全年减少 1000 万以上贫困人口的任务如期实现。

（二）精准扶贫取得阶段性成果

建档立卡方面，根据扶贫办统一部署，在各级扶贫部门以及技术支持单位的共同努力下，全国已完成贫困识别、信息录入等工作，共识别贫困村 128016 个、贫困户 2932 万户、贫困人口 8862 万人，正在进行统计分析。建档立卡工作的阶段性成果，保证了精准识别，为精准扶贫奠定了基础。驻村工作方面，据统计，全国已向贫困村派出 12.5 万个工作队，派驻干部 43 万人，基本实现了对贫困村的全覆盖。扶贫品牌方面，中央财政安排雨露计划资金 6.58 亿元，补助 43.8 万学生。全国安排易地扶贫搬迁资金 126.3 亿元，搬迁 199.7 万人（其中发展改革委安排中央预算资金 55 亿元，搬迁 91.7 万人）。预计全年扶贫贴息贷款发放将超过 1000 亿元，比去年 460 亿元翻了一番多。内蒙古以财政扶贫资金为先导，信贷资金市场化运行为基础，以贫困村为单位，以贫困户为对象，发放 5 万元以下、3 年以内贴息的扶贫小额信贷，极大促进了产业发展农牧民增收。

（三）社会扶贫取得新成效

扶贫日期间，参与各类公募活动人数达数千万，省级层面募集资金近 50 亿元，重庆、贵州、甘肃、河南等省市在 5 亿元以上。定点扶贫方面，国资委组织动员 68 家中央企业开展定点帮扶贫困革命老区百县万村活动，拟用三年时间帮助 108 个贫困革命老区县中约 14954 个贫困村解决水电路等突出问题。解放军和武警部队继续扎实推进对全国 63 个贫困县、547 个贫困乡镇、2856 个贫困村的帮扶工作。今年定点扶贫 310 个单位直接投入重点县的帮扶资金 28.8 亿，较上年增长 38%。东西协作方面，北京、天津、上海、辽宁、山东等 5 省市均建立了援助资金年度增长 10% 左右的机制。深圳、大连、青岛、宁波、上海、苏州、杭州、广州等 8 市共投入贵州帮扶资金 3.5 亿元。福建蓉中村设立贫困村创业致富带头人培训基地，将教学与实践指导结合，创新东西部扶贫协作模式，目前已启动对甘肃、宁夏等 4 省区的培训试点。

（国务院扶贫办规划财务司　郭建军）

全国妇联扶贫开展情况

近年来，全国妇联深入贯彻落实党的十八大、十八届三中、四中全会和习近平总书记等中央领导同志关于扶贫开发的一系列重要讲话精神，按照国务院扶贫办精准扶贫的工作要求，结合贫困地区妇女儿童的实际需求，充分发挥妇联组织独特作用，进一步加大对贫困地区妇女儿童的扶持力度，为推动贫困地区经济社会的发展和妇女儿童事业的进步做出了积极贡献。

一、制定的主要政策

2011 年 12 月，全国妇联下发了《关于贯彻落实扶贫开发工作会议精神的意见》，强调要着力做好五项工作：一要提高贫困妇女整体素质；二要加大对贫困妇女的金融扶持力度；三要重点扶持贫困地区妇女发展特色优势产业；四要组织妇女参与生态环境保护；五要特别关注贫困妇女中的特殊群体，重点推动解决贫困留守妇女儿童、残疾贫困妇女、特困单亲母亲、“两癌”患病贫困妇女以及艾滋病患病贫困妇女等特殊人群的困难。

2014 年 5 月，全国妇联下发了《巾帼关爱行动指导意见》，要求各级妇联以为妇女儿童谋福祉、帮助妇女儿童解难题为目标，以服务妇女儿童民生需求为重点，发挥妇联组织优势和妇女儿童慈善平台作用，广泛动员社会力量，积极整合各类资源，加大对特殊困难妇女儿童群体的帮扶力度，在全社会营造关心妇女、关爱儿童的良好氛围，让更多妇女儿童得实惠、普受惠、长受惠，促进改革发展成果更多更公平惠及广大妇女儿童。主要任务是“从妇女儿童最关心最直接最现实的利益问题入手，服务妇女创业就业、妇女儿童健康发展及特殊妇女儿童群众需求，努力为妇女儿童做好事、办实事、解难事。推动将条件成熟的实事项目纳入政府民生工程，增强服务的实效性和持久性”。

2015 年 4 月，全国妇联与国务院扶贫办联合下发了《关于在扶贫开发中做好贫困妇女脱贫致富工作的意见》。具体任务是：按照精准识别、建档立卡工作的要求，同步完成对贫困妇女的建档立卡工作，对贫困妇女基本情况、扶贫项目和扶贫资金实行精准化管理；在集中连片特困地区新建 200 个全国巾帼现代农业科技示范基地、“三八绿色工程”示范基地、妇女手工编织示范基地、巾帼家政培训示范基地等全国巾帼扶贫示范基地；创新扶贫模式，通过推动创办巾帼合作社、家庭农场、电子商务、农家乐等，培育 10 万名巾帼致富带头人；以推动贫困妇女持续增收为核心，以各项扶贫政策、措施为手段，每年脱贫人口中妇女比例不低于 40%。

二、开展的主要工作及成效

（一）实施妇女小额担保贷款政策，为贫困妇女提供资金支持

继续实施妇女小额担保贷款财政贴息政策。在政策推动过程中，始终坚持“扶小、扶弱、扶贫”的原则，截至2014年12月末，累计在贫困人口较为集中的西部12个省区市共发放妇女小额担保财政贴息贷款1164.89亿元，占发放总额的 53.6%，有约250万名西部妇女从中受益，占受益妇女总数的 54 %。许多贫困妇女通过小额贷款，发展种植、养殖、农产品加工、手工编织、庭院经济等，提高了地位，增加了收入，改善了家庭生活，逐步摆脱了贫困。

（二）开展“两癌”免费检查，提高贫困妇女的健康水平

积极配合国家卫生计生委共同开展农村妇女“两癌”免费检查项目。截至2014年底，已累计为4271万名农村妇女进行了宫颈癌免费检查，为615万名农村妇女进行了乳腺癌免费检查。为推动解决农村贫困妇女“两癌”治疗难题，2011年，全国妇联在财政部中央彩票公益金的支持下设立了“贫困母亲两癌救助专项基金”，截至2014年底，已累计救助31077名贫困患病妇女。项目的实施，大大提高了“两癌”早诊早治率和患者的生活质量，降低了治疗成本和患者死亡率，深受广大妇女群众欢迎，已成为各级政府造福百姓、服务妇女群众的民心工程。

（三）加强教育培训，提高贫困地区妇女综合素质

为提高农村妇女增收致富能力，4年来，全国妇联依托人才开发培训中心和各地培训基地，累计投入资金1180多万元，先后举办集中连片特困地区妇联干部、巾帼致富带头人和农产品流通女经纪人等各类培训班80多期，直接培训妇女8000 多人。并联合国务院扶贫办共同实施“雨露计划·腾飞工程——中西部地区万名应用人才助学行动计划”，培训中西部贫困两后生1000多人。实现培训一人，转移一人，脱贫一户的目标。

（四）建立妇字号示范基地，带动贫困妇女增收致富

全国妇联把建立示范基地作为帮助贫困妇女增收致富的重要平台，通过基地的示范带动，做给贫困妇女看，带着贫困妇女干。4年来，在中西部地区及新疆生产建设兵团先后投入项目资金万元，新建“全国巾帼现代农业科技示范基地”300个，投入资金1500万。投入资金915万元，新建“全国三八绿色工程”83 个。通过基地的示范带动，引导贫困地区妇女依靠科技发展生产，增加收入，实现稳定脱贫。

（五）依托公益平台，帮助贫困妇女儿童共享发展成果

全国妇联依托中国妇女发展基金会和中国少年儿童基金会，在贫困地区大力实施各类公益项目。近年来，中国妇女基金会累计投入资金约7.4亿元，深入实施“母亲水窖”、“母亲健康快车”、“母亲创业循环金”、“母亲邮包”等公益项目，约近2800多万贫困妇女及家庭从中受益。中国儿童基金会累计投入公益资金近14.7

亿元，推进“春蕾计划”、“安康计划”、“消除婴幼儿贫血行动”、“守护童年”、“恒爱行动——百万家庭亲情一线牵”等公益项目及活动，约180多万贫困儿童、孤残儿童及边疆少数民族地区儿童从中受益。上述公益项目的实施，为改善贫困妇女儿童生存发展状况，促进贫困妇女儿童共享改革发展成果作出了积极的贡献。

（六）坚持做好定点帮扶工作，促进漳县经济社会协调发展

自国务院确定甘肃省漳县为全国妇联定点帮扶县以来，历届书记处领导均高度重视定点帮扶工作，始终坚持“举全会之力、助漳县脱贫”的总思路，从改善漳县贫困人口的生存状况、提高人口素质、加强基础设施建设等方面对漳县进行全方位的帮扶。4年来，先后派遣4批8人次常年驻漳开展帮扶工作，累计直接投入各类帮扶资金及物资1040多万元，帮助协调争取各类项目30多个，引进资金达10亿多元。促进了漳县经济社会的发展。2011年，全国妇联被甘肃省委、省政府授予“中央国家机关定点帮扶先进单位”。

（全国妇联发展部　杜伟丽）

铁路系统扶贫开展情况

2011年以来，铁路系统认真贯彻落实党中央、国务院关于扶贫开发工作的部署要求和《中国农村扶贫开发纲要（2011-2020年）》，充分发挥铁路特点和优势，大力开展铁路建设扶贫和运输扶贫，扎实做好定点扶贫、片区联系等各项扶贫工作，在促进贫困地区扶贫开发上发挥了积极作用。

一、铁路建设在扶贫开发上的优势与作用进一步发挥

按照党中央、国务院的部署要求，加快实施《中长期铁路网规划》和铁路“十二五”发展规划，重点支持中西部地区铁路建设加快发展，一大批路网干线、大能力通道、国土开发性铁路陆续开工建设或建成投产。中西部地区铁路建设投资大幅增长，不仅直接拉动了当地经济发展，而且大幅提升了路网规模和质量，对促进贫困地区扶贫开发、推动区域经济协调发展的作用非常显著。

2011-2014年，国家铁路完成基建投资2.06万亿元，新线投产2.1万公里，其中高铁1.1万公里。对中西部地区的基建投资完成1.52万亿元（西部地区8126亿元），占73.8%；新线投产1.51万公里（西部地区7953公里），占76.9%，其中高铁7719公里，占68.5%。对全国14个片区所在21个省区市的基建投资完成1.5万亿元，占72.8%；新线投产1.51万公里，占72%，其中高铁7719公里，占68.5%。

北京－武汉、哈尔滨－大连、武汉－宜昌、合肥－蚌埠、西安－宝鸡、成都－绵阳（乐山）客运专线，兰新第二双线，沪昆高铁杭州－怀化段，贵阳－广州铁路、南宁－广州铁路、大同－西安铁路太原－西安段，太原－中卫（银川）铁路，集宁－包头第二双线，张家口－集宁铁路，拉萨－日喀则铁路，哈密－罗布泊铁路，玉溪－蒙自铁路，京九线南段电化等铁路建成投产。截至2014年底，中西部地区铁路营业里程超过8.7万公里（西部地区4.4万公里），占全国的77.9%，其中高铁1.03万公里（西部地区3572公里），占全国的62.8%。

二、中西部地区铁路重点运输得到全力保障

紧紧围绕贫困地区扶贫开发面临的突出矛盾和需求，通过运力倾斜、运价优惠等措施，大力实施铁路运输扶贫，为促进中西部地区经济社会发展和贫困地区扶贫开发提供可靠的运力支撑。

千方百计满足农民工运输需求。根据全国务工格局变化，及时优化调整运力安排；在四川、河南、湖北、安徽等农民工较为集中的省份，较多安排开行普速旅客列车；高铁开通后，在既有线仍大量保留了普速客车，对农民工客流较大的区段和方向增开普速客车；春运期间大量开行价格低廉、满足农民工单方向流动的“绿皮车”临客，每年8-12月份精心组织好新疆棉农运输。

千方百计保障贫困地区货物运输。在对关系国计民生的重点物资运输予以重点

保证，对粮食、棉花、化肥等涉农物资运输执行优惠运价的同时，瞄准贫困地区需求，坚持特事特办提供运力支持。从南方和东部沿海地区长距离配送大量空棚车，保证新疆棉花、蕃茄和甘肃马铃薯突击运输。比照客车开行货运班列，组织宁夏等西部省份特色农产品外运，成功开行广西百色至北京的往返冷藏果蔬快运班列。将农副产品、农机具、鲜活产品、烟草等列为“白货”，通过电话、网络等多种渠道敞开受理，发展“门到门”运输，极大地方便了广大农村地区、贫困山区货物运输。

千方百计服务群众出行和旅游开发。增加青藏线客车开行对数，顺利开通运营拉萨－日喀则铁路，旅游旺季进出藏客流持续增长。支持滇南地区旅游开发，新增2对旅客列车并压缩运行时间。在新疆增开10多对城际列车、出疆普速客车、动车组列车，交通环境得到极大改善。不仅新疆，内蒙古、甘肃、青海、贵州、广西也首次开行动车组列车。宜万线首开成都、重庆至北京、上海、杭州、南京、南昌等地的动车组列车。东北地区增开齐齐哈尔至成都、长春至厦门、哈尔滨至松原等多趟进出关旅客列车。通过增开旅客列车、增加客车停站、改善服务设施等系列措施，中西部地区铁路客运能力进一步增加，旅客列车通达范围进一步扩大，旅行时间大幅压缩，客运产品更加丰富并有针对性，对农村地区、民族地区、贫困地区的对外交流和经济发展发挥了巨大的促进作用。

三、定点扶贫和片区联系工作取得显著成效

按照国务院扶贫办统一部署，原铁道部和铁路总公司扎实做好对宁夏原州区、新疆和田县和河南栾川县、湖北丹江口市、重庆云阳县、四川苍溪县、陕西勉县、甘肃西和县的定点扶贫工作，2011-2014年投入定点扶贫资金4061万元，实施整村推进扶贫、农村特色产业开发、教育扶贫、医疗卫生扶贫、乡村公路建设等项目74个，取得了实实在在的成效。此外，按照地方党委政府要求，原铁道部、铁路总公司所属相关铁路局也积极参与扶贫工作，对当地贫困县、乡、村因地制宜进行帮扶，投入资金8552万元，实施帮扶项目175个。4年间，铁路系统共计投入资金12613万元，实施扶贫项目249个，形成了扶贫合力。经过贫困地区人民艰苦奋斗，受帮扶地区的贫困面貌得到改善，贫困人口数量和贫困发生率大幅下降，农民人均收入大幅提高，地方经济实力和发展后劲明显增强。特别是新疆和田县，近3年来有3.35万人脱贫，贫困发生率由2011年的53.1%下降到2014年的38.3%，下降了14.8个百分点，农民人均纯收入由2011年的3987元增加到2014年的5530元，增长了38.7%。

2011年12月以来，原铁道部、铁路总公司积极做好秦巴山片区联系工作。会同科技部成立片区联系工作领导小组，开展扶贫联合调研，有针对性地提出并组织实施片区扶贫攻坚重点意见和建议；参与筹备启动会，建立部际协调和联系会议制度，协调解决了一大批支持片区扶贫攻坚的事项；参与片区规划实施监测和评估工作，配合召开秦巴山片区扶贫攻坚推进会。组织郑州、武汉、西安、成都、兰州铁路局加强与片区6省市扶贫办、科技厅、铁路办等部门的沟通协调，扎实推进片区扶贫攻坚规划及各扶贫项目、帮扶措施的落实。

附表 1　2011-2014 年国家铁路基建投资完成情况

地区	2011-2014 年	
	基建投资（亿元）	新线投产（其中高铁）（公里）
全　　国	20608.4	21016.1(11274.3)
黑 龙 江	444.8	95.2(81.1)
吉　　林	482.7	490.9(269.6)
河　　北	997.7	1339.2(808.4)
山　　西	1165.3	1182.6(421.6)
河　　南	789.9	872(603.8)
湖　　北	420.3	682(626.4)
湖　　南	900.0	868.2(506.4)
江　　西	882.6	931.5(546)
安　　徽	793.0	707.7(441.5)
海　　南	176.3	
中部地区	7052.6	7169.3(4304.8)
内 蒙 古	452.9	1346.5
广　　西	1062.4	1629.1(719.6)
重　　庆	633.4	365.1
四　　川	1094.1	470.4(332.9)
贵　　州	1043.3	409.6(258.3)
云　　南	815.3	479.3
西　　藏	117.7	252.5
陕　　西	794.8	500.8(327.7)
甘　　肃	1117.4	949.1(798.9)
青　　海	359.2	266.9(266.9)
宁　　夏	35.0	
新　　疆	600.8	1283.9(709.9)
西部地区	8126.1	7953.2(3414.2)
中西部地区	15178.7	15122.5(7719)
14 个集中连片特困地区所在的 21 个省区市	15002.4	15122.5(7719)

附表 2　2011-2014 年国家铁路基建投资完成情况

地区	2011 年		2012 年	
	基建投资（亿元）	新线投产（其中高铁）（公里）	基建投资（亿元）	新线投产（其中高铁）（公里）
全　国	4585.5	2174.3（1514.8）	5196.4	5388.7（2566.6）
黑龙江	107.1		95.1	95.2（81.1）
吉　林	130.7		139.7	372.2（269.6）
河　北	213.6	201.4（136.3）	306.1	475.9（475.9）
山　西	341.8	0.9	399.3	
河　南	166.7		173.9	569.7（553.9）
湖　北	151.6		107.4	441.3（424.1）
湖　南	182.8		226.4	168.0
江　西	265.1	6.7	257.7	
安　徽	190.2	268.4（265）	202.5	136.9（136.9）
海　南	7.2		20.1	
中部地区	1756.7	477.4(401.3)	1928.3	2259.2(1941.5)
内蒙古	77.1	99.2	78.1	558.1
广　西	296.3		330.6	373.2
重　庆	127.0		111.6	80.4
四　川	233.8	14.1	248.9	19.7
贵　州	159.4	66.8	231.7	28.1
云　南	116.1	49.7	176.6	194.7
西　藏	32.5		38.5	
陕　西	175.3	28.3（28.3）	176.8	
甘　肃	175.6		193.9	44.3
青　海	73.3		90.7	
宁　夏	14.3		10.1	
新　疆	115.6	87.3	179.6	486.7
西部地区	1596.3	345.4(28.3)	1867.2	1785.2
中西部地区	3353.1	822.8(429.6)	3795.5	4044.4(1941.5)
14 个集中连片特困地区所在的 21 个省区市	3345.9	822.8(429.6)	3775.4	4404.4(1941.5)

附表 3　2011-2014 年国家铁路基建投资完成情况

地区	2013 年		2014 年	
	基建投资（亿元）	新线投产（其中高铁）（公里）	基建投资（亿元）	新线投产（其中高铁）（公里）
全　国	5313.8	5026.8(1756.7)	5512.6	8426.3(5436.2)
黑龙江	83.5		159.1	
吉　林	130.6		81.7	118.7
河　北	227.3	648.8(196.2)	250.6	13.1
山　西	255.3	9.1(9.1)	168.9	1172.6(412.5)
河　南	235.9		213.5	302.3(49.9)
湖　北	89.3	114.3(75.9)	72.0	126.4(126.4)
湖　南	261.3	175.0	229.5	525.2(506.4)
江　西	193.6	302.3	166.2	622.5(546)
安　徽	194.3	262.8	206.1	39.6(39.6)
海　南	32.0		117.0	
中部地区	1703.0	1512.3(281.2)	1664.6	2920.4(1680.8)
内蒙古	88.9	630.2	208.9	59.0
广　西	270.3	508.1(231)	165.2	747.8(488.6)
重　庆	214.6	229.0	180.2	55.7
四　川	246.1	26.5(20.5)	365.3	410.1(312.4)
贵　州	294.1	32.6	358.0	282.1(258.3)
云　南	262.1		260.5	234.9
西　藏	35.1		11.7	252.5
陕　西	202.7	338.1(165)	239.9	134.4(134.4)
甘　肃	339.8	101.2	407.9	803.6(798.9)
青　海	124.0		71.3	266.9(266.9)
宁　夏	5.7		4.8	
新　疆	201.1		104.4	709.9(709.9)
西部地区	2284.5	1865.7(416.5)	2378.1	3956.9(2969.4)
中西部地区	3987.5	3378(697.7)	4042.7	6877.3(4650.2)
14 个集中连片特困地区所在的 21 个省区市	3955.5	3378(697.7)	3925.7	6877.3(4650.2)

（中国铁路总公司办公厅　戴飞翔）

农业银行扶贫开展情况

2011 年以来，农业银行深入贯彻《中国农村扶贫开发纲要（2011-2020 年）》和中央关于扶贫工作的一系列要求，以集中连片特困地区为重点，以促进贫困地区经济社会发展、贫困农户增收脱贫为目标，不断加大金融扶贫工作力度，取得了积极进展和显著成效。

一、工作成效

（一）贫困地区信贷投放显著增加。2011 年国家新的十年农村扶贫开发纲要颁布以来，在贫困地区累计投放贷款 21241 亿元，2014 年末贷款余额达 9725.6 亿元，比 2011 年初增加 4655.5 亿元，贷款年复合增长率 17.7%，比全行高 5.6 个百分点。其中，在集中连片特困地区累计投放贷款 7855.4 亿元，2014 年末贷款余额达 4401.8 亿元，比 2011 年初增加 2225.1 亿元，年复合增长率 19.3%，比全行高 7.2 个百分点。

（二）贫困农户帮扶力度持续加大。2011 年以来，在贫困地区累计投放农户贷款 4739.6 亿元，2014 年末贷款余额达 1906 亿元（其中农户小额贷款余额 495.8 亿元），比 2011 年初增加 1053.2 亿元，年复合增长率达 22.3%，比全行农户贷款增长率高 3.8 个百分点。其中，在片区累计投放农户贷款 1857.5 亿元，2014 年末贷款余额达 814.4 亿元（农户小额贷款余额 281.9 亿元），比 2011 年初增加 495.6 亿元，年复合增长率达 26.4%，比全行农户贷款增长率高 8 个百分点。

（三）普惠金融服务水平进一步提升。2012 年以来，在片区优先推进“金穗惠农通”工程，对具备固话通讯条件的行政村已实现基本覆盖。截至 2014 年末，在片区发放惠农卡 3489.2 万张，设立“金穗惠农通”工程服务点 14.0 万个，布放各类电子机具 17.6 万台，对行政村覆盖率达 75.0%，同比提高 21.9 个百分点；在片区内代理新农保 363 个县、新农合 255 个县，代理粮食直补等其他涉农财政项目 690 个，基本实现“片区农户足不出村办理取现、转账、代收代缴各类费用”的金融服务目标。

（四）扶贫贴息贷款规模稳步增长。2011 年以来，农业银行累计发放扶贫贴息贷款 646.4 亿元，2014 年末贷款余额达 415 亿元，当年增幅 78.2%。重点支持国家级扶贫龙头企业 181 家（共 625 家），贷款余额 163.3 亿元。作为国务院残工委成员单位，积极做好助残扶贫工作，2011 年以来投放康复扶贫贴息贷款近 10 亿元。与中央统战部光彩事业指导中心合作，做好光彩事业扶贫项目的信贷支持工作。

（五）优惠让利力度不断加大。对贫困地区农户实行惠农卡开卡、转账、小额取款、账户管理全免费，每年减免费用近 3 亿元。每年投入 8000 万元用于贫困地区“惠农通”工程机具的布放和维护。农户贷款执行优惠利率，定价比照同业水平下浮 20-30%，每年可节省贫困地区农户利息开支 16 亿元。

二、扶贫政策

（一）切实加强组织领导。下发《关于成立集中连片特困地区金融服务工作领导小组的通知》，在总行成立片区金融服务工作领导小组，研究审议片区金融扶贫工作重大事项，片区省分行比照设立工作推进小组，并建立跨省联席会议机制。

（二）实施专项监测考核。下发《关于建立集中连片特困地区基础数据统计体系的通知》，明确数据统计渠道及口径，定期开展监测分析。2014 年，将片区日均贷款增量指标纳入“三农”金融事业部考核，强化工作推进力度。

（三）制定扶贫工作规划。先后下发《关于加强集中连片特困地区金融服务工作的意见》、《关于做好集中连片特困地区农户金融服务工作的意见》等文件，明确片区贷款、农户贷款增速高于全行 2-3 个百分点、实现电子机具对行政村基本覆盖等发展目标及相应保障机制。为贯彻落实中办发 [2013]25 号文和银发 [2014]65 号文，制定《农业银行金融扶贫十条措施》，要求积极跟进扶贫对象建档立卡工作，强化精准扶贫到村到户。

（四）倾斜政策支持革命老区发展。下发《关于支持原川陕苏区振兴发展的意见》、《关于支持赣南等原中央苏区振兴发展的指导意见》等文件，在财务扶持政策、信贷政策、“三农”扶持政策、人事政策、资产处置政策等方面向原川陕苏区、赣南等原中央苏区倾斜，加大对老区实体经济发展的支持力度。

（五）全面开展驻村帮扶工作。下发《关于进一步做好驻村帮扶工作的通知》，一级分行、二级分行分别选取 1-2 个贫困村，选派优秀干部实施驻村帮扶。截至 2014 年末，全行共选派 483 名员工到 576 个贫困村开展驻村帮扶，自筹和吸引扶贫资金投入 4205 万元，向帮扶村投放贷款 5.2 亿元。

三、主要措施

（一）加大资源投入。信贷规模、固定资产费用计划向贫困地区倾斜，确保贷款增速高于全行 2-3 个百分点，财务资源投入增速高于全行。放宽贫困地区员工招聘条件，优先保障用工需要，不断提升贫困地区分支行服务水平。

（二）制定金融服务方案。根据片区规划、资源禀赋和产业发展等情况，研究制定了十四个片区综合金融服务方案和特色主导产业金融服务方案，因地制宜明确工作重点和目标，指导片区金融工作深入开展。

（三）突出产业带动扶贫。以基础设施、特色产业、民生工程等为支持重点，通过扶持贫困农户就业和生产带动一批。2011 年以来，累计投放贷款 3783.4 亿元支持贫困地区交通、水利等基础设施领域，贷款 1331.9 亿元支持了上千家农业产业化龙头企业，贷款 734.7 亿元支持农村城镇化和农村基础设施建设，贷款 10269.2 亿元支持上万家特色中小企业。

（四）创新产品服务。根据贫困地区资源禀赋和产业基础特点，因地制宜开展金融扶贫。西藏农行开展农牧户信用评价，创新以“钻金银铜”贷款卡为信用标识的产品，累计发放农牧户信用贷款 376 亿元，覆盖了全区 90% 以上的农牧户。贵州分行创新生态移民工程扶贫贷款产品，已贷款6.4亿元支持建设安置房10781套、惠及农户4.5万人，实施“美丽乡村”行动计划，授信150亿元支持小康路、小康水等基础设施建设。支持新疆、云南、宁夏、江西、福建等地的特色农业金融服务工作，如在江西、湖南等地推出“油茶贷”产品，打造金融扶贫样板。

（五）探索金融扶贫有效模式。探索可推广、可复制且能使农户受益的金融扶贫模式。甘肃分行与省财政厅合作推出双联惠农贷产品，截至2014年末，以“政府政策性担保公司+农户”模式累计发放农户贷款152.9亿元、支持农户22.6万户，贷款余额达92.3亿元。内蒙分行与自治区扶贫办合作，以“政府风险补偿金+农户”模式，累计发放金融扶贫富民贷款63.1亿元，支持农户11.2万户、扶贫企业94家。

（六）加强对外合作。2014年10月15日，农业银行作为商业银行中的第一家与国务院扶贫办签署了“金融扶贫合作协议”，重点在产业扶贫和小额信贷扶贫等方面开展合作，并在四川平昌、安徽金寨等贫困县开展金融扶贫创新工作。此外，农业银行还积极与中国残联、国家民委、农业部、科技部等单位加强沟通，因地制宜研究合作重点和方式；与贫困地区保险、担保、产业基金等开展合作，构建多层次普惠金融服务体系。

（中国农业银行农村产业与城镇化金融部　王剑、王瑜洁）

第六部分　贫困标准问题研究

6 现行农村贫困标准与小康社会的关系

农村脱贫是全面建成小康社会的关键。现行农村贫困标准是否与小康社会相适应，不仅影响到对我国反贫困成果的评估，也直接关系到对全面建成小康社会的认同。有人认为：现有农村贫困标准每年 2300 元，相当于每天 6.3 元，只够吃一碗面，不能保障一天三顿饭，更达不到 “不愁吃、不愁穿”的水平，进而发出“按现有标准脱贫能算小康吗？”的质疑。对此，国家统计局根据贫困监测结果和相关资料进行分析研究。

一、现行农村贫困标准确定和更新方法

2011 年，经国家统计局测算、各部门共同研究、国务院确定，2011-2020 年的农村贫困标准为“按 2010 年价格水平每人每年 2300 元”。

该标准当时同时满足两个假设：一是标准中的食品支出不仅要让人吃饱，而且适当吃好。我国在 2010 年以前采用的老标准中，食品支出只考虑能否裹腹，不考虑食物质量。而 2010 年新标准中的食品支出，从营养上讲，不仅可满足维持生存的基本需要，即每人每天 2100 大卡热量，而且与小康社会相适应，可满足健康生存的基本需要，即除了满足热量需要外，还要满足每人每天 60 克左右的蛋白质需求。二是恩格尔系数，即食物支出占贫困标准的比重为 60%，以此保障一定数量的非食品支出。

国家统计局每年根据农村贫困人口的生活消费价格指数，对此标准逐年进行物价水平更新。至 2014 年，该标准达到 2800 元。

二、现行农村贫困标准就是农村居民跨入小康的门槛

“两不愁”符合普通百姓对于小康的基本预期。古人云“久困于穷，冀以小康”。

虽然从社会层面上讲，小康可以有较多物质、精神、制度等方面的内涵，但对于普通百姓而言，小康是脱贫后的生活，其基本内涵是指一种能安稳度日的比较宽裕的经济状态，“不愁吃、不愁穿”形象地反映了这种状态。

根据实际调查结果，现行农村贫困标准中的食品支出能满足与小康生活相适应的基本营养需求。若仍以恩格尔系数 60% 的假设计算，2014 年，每年 2800 元的消费支出中，食品支出约为每天 4.6 元。根据全国住户收支调查数据实证验算，在已有基本住房的情况下，人均生活水平等于每年 2800 元的贫困标准户的实际恩格尔系数为 53.5%，人均每天食品消费支出为 4.1 元。从当年物价水平看，食品支出大于每天 4 元，在农村地区大约能每天消费 1 斤米面、1 斤菜、1 两肉蛋，可满足健康生存需要的热量和蛋白质需求，做到“吃饱，适当吃好”。

微观经济学效用理论认为，消费者总体上可理性地在消费的各个方面分配支出，使各项支出同等重要、使未来的生活水平与现在保持基本一致，从而达到效用最大的目的。按此理论，根据贫困标准户的实际食品消费达到健康生存的水平，可推论贫困标准户的穿、住、用、行、教育、医疗等非食品消费也可达到与健康生存的食品消费基本一致的水平，并且在可预期的正常情况下，长期保持比较稳定的消费水平。因此，可以讲现行农村贫困标准达到小康生活要求的稳定温饱水平。

住户调查资料也证明，贫困标准户在食品消费以外的基本生活需求得到较好满足。其中居住在竹草土坯房中的比例为 5.6%，93.3% 的户人均住房面积超过 15 平方米，96% 的户有彩电，95.9% 的户有手机或电话，7-15 岁儿童在校率超过 99%，青年中受教育程度在初中以上的人口比重为 93.9%，参加新农合和医疗保险的人口比重为 98.1%。

上述理论和推论也用于世界银行向发展中国家推荐的确定本国贫困线的通用方法中。采用世行推荐方法，可确定两条贫困线，一条是低贫困线，一条是高贫困线。无论是高贫困线还是低贫困线，其中的食物支出相同，都是以满足基本营养需要确定的，所不同的是确定非食物支出的方法。其中，高贫困线是“吃饱”需要的食物支出，加上“与吃饱同等重要”的非食物支出。不同国家可根据实际情况，对如何“吃饱”提出具体要求。低贫困线是“吃饱”需要的食物支出，加上“宁可挨饿也要换取的”非食物支出，如基本衣着、取暖等支出。一般认为，根据微观经济学效用理论，高贫困线中的食物支出和非食物支出都达到了“吃饱”所代表的生活水平，从长期看，是代表“稳定温饱”的真正贫困线。我国现行贫困标准所代表的实际生活水平符合世行所说的高贫困线的要求。而低贫困线中的非食物支出的效用水平，低于食物支出的“吃饱”水平，因而低贫困线是代表“基本温饱”的极端贫困标准。我国在 2010 年以前采用的农村贫困标准以及世行每天 1.25 美元标准都是不同程度的极端贫困标准。

需要注意的是，一是要真正做到“两不愁”，还需要做好“三保障”以及养老、救助和临时救助等工作，保障基本住房，并尽可能消除个体家庭难以预测的偶发不利因素。二是，这里所说“贫困标准是小康的门槛”，是指所有人脱贫是全面建成小康社会的必要条件之一，而不是指平均收支水平达到贫困标准就算实现小康。

三、使用农村贫困标准要注意适用范围和时间

每人每年2300元是2010年不变价的农村贫困标准。在实际工作中，有人只注意每年2300元这个数值，却忽略与之相关的范围和时间。比如，近一两年，一些省在确定本省反贫困相关工作标准时，一直盯着2300元这条线，按当年价衡量的贫困人口没有被完全覆盖。还有一些省认为本省的农村低保标准已超过2300元，应该没有贫困人口了，为什么统计上还有一些贫困人口呢？除了存在临时性返贫人口这个原因外，低保标准未达到当年价贫困标准是重要原因。再比如，2012年以来，每年有人组织“用6.3元过一天”的贫困体验活动。不少参与人员认为，每天6.3元标准太低，并进而质疑“按这个标准脱贫能算小康吗”？实际上，这种体验活动通常在城镇或在学生中开展，体验者所面对的环境主要是在城镇到食堂、餐馆吃饭、买熟食。由于活动范围和农村贫困标准的适用范围不一致，又未考虑政府实际采用的贫困标准已随物价因素逐年提高，作出的判断不尽客观。因此，实际工作中，在使用2300元贫困标准时需要注意到农村这个特定范围和2010年这个特定时间。

总之，“两不愁、三保障”以及与之对应的现行农村贫困标准是小康的门槛。实现现行标准以下贫困人口全面脱贫符合人民对于全面建成小康社会的基本预期。在实际工作中，我们应正确使用现行农村贫困标准，至少按物价水平逐年上调各种扶贫工作标准，使反贫困工作更加完整覆盖贫困人口。

（国家统计局住户办　王萍萍）

以现行贫困标准衡量改革开放以来农村贫困人口规模减少7亿多

2008年以来，我国两次大幅度提高农村贫困标准，扩大扶贫范围，提升扶持水平。虽然按不同标准衡量的相应阶段的农村贫困人口规模均有明显下降，但缺乏按照统一标准衡量的改革开放以来的农村扶贫总体成效情况。国家统计局根据历年全国农村住户调查数据、农村物价和人口变化情况，对1978年以来按现行农村贫困标准（当年价）衡量的农村贫困人口规模进行测算。结果表明，改革开放以来，我国农村贫困人口规模减少7亿多，反贫困工作取得巨大成就。

一、现行农村贫困标准在不同年份的数值与含义

现行农村贫困标准为按2010年价格水平每人每年2300元。国家统计局每年根据农村居民生活消费价格指数，对此标准进行更新。至2014年，农村贫困标准（当年价）达到2800元。用同样方法回溯推算，按1978年价格水平，此标准为366元。国家统计局根据全国农村住户调查历史数据和当年价格，对现行农村贫困标准所代表的生活水平进行验证比较。

2014年，在有基本住房的情况下，每人每年2800元的农村贫困标准中，实际食品支出比重（即恩格尔系数）为53.5%，相当于人均每天食品消费支出4.1元；若将每天1斤米面（商品粮）、1斤菜、1两肉或1个鸡蛋当作每人基本食品消费需求，根据农村居民出售和购买产品综合平均价格，需要开支3.92元（详见表6-2-1）。4.1元约为3.92元的1.05倍。因此，在2014年，农村贫困标准中的食品支出可满足健康生存需要的热量和蛋白质需求，做到“吃饱，适当吃好”。同时，根据微观经济学效用理论推论，在此标准下的其他支出可满足与健康生存同等重要的非食品消费需要。

国家统计局现存住户调查分户数据的最早年份为1985年。按1985年价格水平，农村贫困标准是每年482元，其中食品支出比重为44.6%[①]，相当于人均每天食品消费支出0.59元。按1985年农村综合平均价计算，满足每天1斤商品粮、1斤菜、1两肉或1个鸡蛋的基本食品消费需求，需要0.56元。0.59元也约为0.56元的1.05倍。因此，1985年当年价农村贫困标准中的食品支出同样可满足健康生存的营养需求，并推论非食品支出可满足与健康生存同等重要的非食品消费需要。这与2014年当年价农村贫困标准所代表的生活水平是一致的。

① 当年价农村贫困标准中食品支出比重在1985年低于2014年，从表面上看与“消费水平提高，食品消费支出比重降低”的恩格尔定律不同，但实质上并不违反恩格尔定律。因为恩格尔定律主要说明消费水平变化对食品消费支出比重的影响，但没有说明工农产品比价改变对食品消费支出比重的影响。1985年和2014年当年价贫困标准虽然数值不同，但所代表的实际消费水平基本一致，因此，恩格尔定律成立的条件“消费水平提高”并不存在。与此同时，改革开放以来，在计划经济向市场经济转型过程中，我国工农产品比价改变很大，相对于工业产品价格，农产品价格上涨更快，因此，农村贫困标准中的食品支出比重有所上升。

表 6-2-1　1985 年和 2014 年农村居民基本食品消费支出需求

项　目		单位	1985 年	2014 年
综合平均价[②]	粮食（原粮）	元 / 公斤	0.43	2.48
	蔬菜	元 / 公斤	0.20	2.96
	猪肉	元 / 公斤	3.44	18.39
	蛋类	元 / 公斤	2.52	9.53
基本食品消费所需支出	每天 1 斤商品粮	元	0.288	1.653
	每天 1 斤蔬菜	元	0.098	1.478
	每天半两肉	元	0.086	0.460
	每天半个鸡蛋	元	0.088	0.334
	合计	元	0.561	3.924

数据来源：全国农村住户调查。

若将贫困标准中的食品支出对基本食品消费需求的比例作为基本需求满足程度指数，1985 年和 2014 年当年价农村贫困标准的基本需求满足指数都约为 1.05。其他年份当年价贫困标准的基本需求满足指数虽有变化，但都在 0.97-1.10 之间。因此可以认为，以当年价计算的现行贫困标准在不同年份虽然数值不同，但都基本代表了“两不愁”的稳定温饱生活水平，是农村居民从贫困跨入小康的门槛。

二、改革开放以来中国农村贫困人口减少超过 7 亿

改革开放之初农村贫困人口 7.7 亿。按当年价现行农村贫困标准衡量，1978 年农村居民贫困发生率约 97.5%，以乡村户籍人口作为总体推算，农村贫困人口规模 7.7 亿。从 1978 年到 2014 年，农村贫困人口减少 7 亿多，年均减贫人口规模 1945 万人；贫困发生率下降 90.3 个百分点，年均下降 2.5 个百分点。

本世纪以来农村贫困人口减少规模占减贫总规模一半以上。2000 年农村贫困发生率为 49.8%，贫困人口规模为 4.6 亿。2000 年以前，农村贫困人口减少 3.1 亿，占农村减贫总规模的 44.0%；贫困发生率下降 47.7 个百分点，年均下降 2.2 个百分点。本世纪以来，农村贫困人口减少 3.9 亿，占农村减贫总规模的 56.0%；贫困发生率下降 42.6 个百分点，年均下降 3.0 个百分点。

2010 年以来农村贫困人口规模减少近 1 亿。2010 年，农村贫困发生率为 17.2%，贫困人口规模为 1.66 亿。2014 年，农村贫困发生率为 7.2%，贫困人口规模为 7017 万。2011 年到 2014 年，农村贫困人口共减少 9550 万人，年均减贫人口规模 2388 万人；贫困发生率下降 10.0 个百分点，年均下降 2.5 个百分点。

② 综合平均价是农村住户调查中农户出售和购买价格的简单平均。原粮对商品粮的折算系数是 0.75。1 两肉或 1 个鸡蛋消费支出按半两肉加半个鸡蛋的消费支出计算。1 个鸡蛋按 1.4 两计算。

表 6-2-2　按现行农村贫困标准衡量的农村贫困状况

年份	当年价贫困标准（元 / 年．人）	贫困发生率(%)	贫困人口规模（万人）
1978	366	97. 5	77039
1980	403	96. 2	76542
1985	482	78. 3	66101
1990	807	73. 5	65849
1995	1511	60. 5	55463
2000	1528	49. 8	46224
2005	1742	30. 2	28662
2010	2300	17. 2	16567
2014	2800	7. 2	7017

数据来源：国家统计局全国农村住户调查、住户收支与生活状况调查。

（国家统计局住户办　王萍萍）

中国农村贫困标准与国际贫困标准的关系[①]

中国现行农村贫困标准按2010年价格为每年2300元，即每天6.3元。有人认为只相当于1天1美元，远远低于世界银行每天1.25美元的极端贫困标准。国家统计局根据贫困监测调查资料和相关情况进行分析研究，按照世界银行方法换算，我国现行农村贫困标准约等于每天1.6美元，介于两个常用的国际贫困标准即每天1.25美元和2美元之间；与“三保障”共同实施时，现行农村贫困标准实际生活水平相当于“不愁吃、不愁穿”的稳定温饱生活水平。

一、国际贫困标准现状、由来与调整情况

（一）国际贫困标准主要是指每天1.25美元和2美元的标准

世界银行是国际上研究贫困问题的最重要机构。通常所说的国际贫困标准是指世界银行发布的贫困标准。目前，世界银行主要用每天1.25美元和每天2美元标准衡量发展中国家的贫困状况。其中，前者是衡量联合国千年发展目标实现程度的极端贫困标准。

（二）每天1.25美元及2美元标准的由来

2008年，世界银行根据15个最穷国家（马拉维、马里、埃塞俄比亚、塞拉利昂、尼日尔、乌干达、冈比亚、卢旺达、坦桑尼亚、几内亚比绍、塔吉克斯坦、莫桑比克、乍得、尼泊尔和加纳）的平均国家贫困标准，确定每天1.25美元的标准。同时，世界银行根据其他发展中国家的国家贫困标准的中位数，确定每天2美元的标准。

世界银行曾向各国推荐确定代表“稳定温饱”的高贫困线和代表“基本温饱”的低贫困线的通用方法[②]。虽然两个国际贫困标准并非直接来自上述通用方法，但与高、低贫困线所代表的生活水平是可比的。因为，15个最穷国家的国内贫困标准大多对应代表“基本温饱和免于饥饿”生活水平的低贫困线，所以，每天1.25美元的标准也是与“基本温饱”对应的极端贫困标准。其他发展中国家的国家贫困标准一般是代表“稳定温饱”的高贫困线，因而每天2美元通常被认为也代表相应的生活水平。

（三）国际贫困标准在不同年度有所调整

国际贫困标准根据物价水平在不同年度之间有所调整。以极端贫困标准为例，1990年为1.01美元，1993年为1.08美元，2005年为1.25美元。据了解的初步情况，世行目前正在测算按2011年价格计算的贫困标准，每天1.25美元的极端贫困标准

---

① 本文撰写于2015年4月。当时世界银行的国际极端贫困标准为每天1.25美元。

② 根据世界银行推荐的通用方法，低贫困线为“吃饱需要的食品支出，加上宁可挨饿也要换取的非食物支出”，代表基本温饱水平，是极端贫困标准。高贫困线为“吃饱需要的食物支出，加上与吃饱同等重要的非食物支出”，代表稳定温饱水平。

有可能调整到每天 1.8 美元以上[3]，每天 2 美元标准有可能调整到每天 3 美元。

二、按照世行方法换算，中国现行农村贫困标准约相当于每天 1.6 美元

国内贫困标准用人民币表示，国际贫困标准用美元表示。要比较两者的高低，应当用适当的比价进行换算，统一计量货币，即将国际标准转换为用人民币表示，或者将国内标准转换为以美元表示。按照世界银行方法，我国现行农村贫困标准相当于每天 1.6 美元。

目前，世行更新以人民币表示的国际贫困标准的方法包括三步：用 2005 年 PPP 指数将美元标准换算成人民币标准，考虑中国城乡差异后、下浮对农村使用的国际贫困标准，用中国分城乡贫困人口生活消费价格指数进行年度更新。

采用上述方法反向换算，无论是 2010 年的每年 2300 元，还是 2014 年的每年 2800 元，都相当于 2005 年的每天 1.6 美元。因此，从数值上看，我国现行贫困标准高于每天 1.25 美元的极端贫困标准，但低于每天 2 美元的一般贫困标准。

三、在“三保障”的前提下，中国农村现行贫困标准的生活水平相当于国际标准每天 2 美元的“稳定温饱”水平

根据住户调查分户收支数据测算，2014 年中国现行农村贫困标准每年 2800 元，是一条代表“稳定温饱”，即“不愁吃、不愁穿”水平的贫困线。在已有基本住房的情况下，生活在此条线上的家庭，恩格尔系数为 53.5%，能为贫困人口提供每天 4.1 元的食品支出，约可每天消费 1 斤米面、1 斤菜、1 两肉等食品。这不仅可满足“吃饱”要求的每天 2100 大卡热量的需求，而且可使贫困人口“适当吃好”，满足健康生存需要的每天 60 克左右的蛋白质需要。根据微观经济学效用理论，可推论达到此标准的家庭，其非食品消费水平也与“吃饱、适当吃好”的水平相当，并在可预期的正常情况下，长期维持相应生活水平。

因此，在“三保障”，即保障义务教育、基本医疗和住房的情况下，中国农村现行贫困标准代表了“不愁吃、不愁穿”的稳定温饱生活水平。这与世行每天 2 美元的国际贫困标准所代表的生活水平是基本一致的。

四、注意事项及相关建议

要比较国内贫困标准与国际贫困标准的高低，需要注意以下问题：

一是要注意国内标准与哪条国际标准比。我国现行农村贫困标准高于每天 1.25 美元的极端贫困线，低于每天 2 美元的贫困线，但实际生活水平接近于每天 2 美元的国际贫困标准所代表的“稳定温饱”生活水平。

---

③ 2015 年 10 月，世界银行公布了按 2011 年 PPP 计算的国际极端贫困标准为 1.9 美元，2 美元标准上调至 3.1 美元。

二是要注意国内标准和国际标准是否属于相同年份的、用于相同范围。比如基期是否为同一年，比较的贫困人口范围是全国贫困人口还是农村贫困人口等。

三是直接用市场汇率换算比较是不合适的。由于市场汇率受多种因素影响，变化较快，不能很好反映相关国家之间生活消费价格水平的差异，各国研究人员一般不采用市场汇率进行国际比较。

四是用 PPP 指数换算比较也存在一定的局限性。首先，PPP 指数更新是不定期的，而且参与国家很多，基础数据来源不一致，结果不可预期，其准确性也常常引起争议。其次，不同轮次的 PPP 指数可能会跳跃过大，造成换算的贫困标准跳跃过大，从而影响贫困标准比较结果和贫困状况测算结果。比如，世界银行在测算 2005 年中国农村贫困状况时，原来用 1993 年 PPP，将极端贫困标准换算为每年 935 元，2008 年，改为用 2005 年 PPP 换算成每年 1362 元。目前，世界银行正计划用 2011 年 PPP 指数再次测算国际贫困标准，这可能会引起中国贫困人口比重和规模数据发生新的变动。

（国家统计局住户办　王萍萍）

以每天 1.25 美元和 2 美元国际贫困标准衡量的中国贫困人口

用国际贫困标准衡量，中国有多少贫困人口？目前说法较多，从 1.5 亿到 2 亿、再到 2.5 亿，差距很大。这使不少人感到困惑。国家统计局对世界银行网站 2014 年发布的最新数据和相关资料进行整理，以供参考。

一、以国际贫困标准衡量的中国贫困现状

2011 年生活在每天 1.25 美元的极端贫困标准以下的中国贫困人口规模是 8410 万人，贫困人口比重是 6.3%。

2011 年生活在每天 2 美元的贫困标准以下的中国贫困人口规模是 2.5 亿人，贫困人口比重是 18.6%。

世界银行网站也公布按每天 2.5 美元、4 美元、5 美元标准衡量的各国贫困人口数。

二、以国际贫困标准衡量的中国反贫困成就

以每天 1.25 美元标准衡量，中国贫困人口比重在 1990 年为 60.7%，1990 年 -2011 年下降 54.4 个百分点；贫困人口规模在 1990 年为 6.89 亿，1990 年 -2011 年减少 6.05 亿，减少 87.8%，远远超过联合国千年发展目标提出的“极端贫困人口减半”目标。

以每天 2 美元标准衡量，中国贫困人口比重 1990 年为 85%，1990-2011 年下降 66.4 个百分点，贫困人口规模 1990 年为 9.64 亿，1990 年 -2011 年减少 7.14 亿，下降 74.1%。

表 6-4-1 世界银行发布的中国贫困状况

年份	每天 1.25 美元		每天 2 美元	
	规模（万人）	比重（%）	规模（万人）	比重（%）
1990 年	68940	60.7	96460	85.0
1993 年	64640	54.9	93760	79.6
1996 年	45520	37.4	80600	66.2
1999 年	45100	36.0	77520	61.9
2002 年	35930	28.1	64950	50.7
2005 年	20560	15.8	46970	36.0
2008 年	16350	12.3	37530	28.3
2010 年	12290	9.2	31020	23.2
2011 年	8410	6.3	25010	18.6

数据来源：世界银行网站。

三、贫困和反贫成果的国际比较

无论是用每天 1.25 美元还是 2 美元标准，1990 年中国贫困程度显著高于全球和发展中国家平均水平，到 2011 年，中国的贫困程度大幅度低于全球和发展中国家平均水平。

2011 年，全球生活在每天 1.25 美元以下的极端贫困人口比重是 14.5%，每天 2 美元以下的贫困人口比重在 30% 左右。中国贫困程度显著低于世界平均水平，略低于亚太发展中国家平均水平，高于中等偏上收入国家平均水平。预计 2014 年，中国的贫困程度会达到或低于中等偏上收入国家平均水平。

从 1990 年 -2011 年，全球极端贫困人口从 19.2 亿下降到 10.1 亿，减少 9.1 亿，其中 6 亿多来自中国。中国极端贫困人口减少数量占全球减贫数量的三分之二。

表 6-4-2 发展中国家以国际标准衡量的贫困人口比重 (%)

地区 / 收入类型		每天 1.25 美元		每天 2 美元	
		1990 年	2011 年	1990 年	2011 年
按地区分	亚太	57.0	7.9	81.5	22.7
	欧洲和中亚	1.5	0.5	6.3	2.2
	拉美加勒比海	12.2	4.6	22.6	9.3
	中东北非	5.8	1.7	23.8	11.6
	南亚	54.1	24.5	83.7	60.2
	撒哈拉以南	56.6	46.8	76.0	69.5
按收入分	低收入国家	66.0	46.8	85.3	73.7
	中等偏下收入国家	47.1	22.0	64.8	36.3
	中等收入国家	43.5	13.7	66.3	33.0
	中等偏上收入国家	40.2	5.0	59.4	14.3
发展中国家合计		43.4	17.0	64.8	36.2
全球合计		36.4	14.5	--	--

数据来源：世界银行网站。

四、世行用国际标准衡量中国贫困状况的方法

目前，世界银行测算每天 1.25 美元标准以下中国贫困人口规模的具体步骤如下：

一是确定 2005 年每天 1.25 美元相当于人民币每年 1865 元，用于测算中国城镇极端贫困状况。2005 年在居民生活消费方面的购买力平价指数（PPP）为 1 美元 =4.09 元。每天 1.25 美元对应每年 1865 元人民币。PPP 调查只在中国城镇开展，因此世行用每年 1865 元测算中国城镇贫困状况。

二是确定 2005 年每天 1.25 美元相当于每年 1362 元，用于测算中国农村极端贫

困状况。考虑 2005 年 PPP 指数的局限性和中国城乡价格水平差异，世行将每年 1865 元标准下浮 37%，即每年 1362 元人民币，用于测算中国的农村贫困状况。

三是用中国贫困人口的生活消费价格指数对 2005 年的人民币标准进行年度更新。按 2010 年价格水平，相应标准约为 2460 元和 1800 元；按 2014 年价格水平，相应标准约为 3000 元和 2200 元。

四是使用中国国家统计局住户调查数据，分城乡计算调查样本中人均生活消费支出在标准之下的贫困人口比重，再乘以分城乡常住人口，计算分城乡贫困人口规模。城乡贫困人口加总即为全国贫困人口规模。

每天 2 美元换算的人民币标准按比例放大，测算贫困人口规模的基础数据和方法同上。

表 6-4-3 世界银行换算的以人民币表示的国际贫困标准（元 / 年 . 人）

年份	每天 1.25 美元		每天 2 美元	
	农村	城镇	农村	城镇
2005 年	1362	1865	2180	3000
2010 年 *	1800	2460	2880	3945
2014 年 *	2200	3000	3500	4800

注：标注 * 为国家统计局推算数。

五、注意事项和相关建议

在使用国际标准衡量的中国贫困数据时，要注意以下几点：

一是应根据用途引用适当数据。在反映《联合国千年发展目标》实现程度时，要引用按每天 1.25 美元极端贫困标准衡量的贫困状况。在其他情况下，考虑到中国按人均国内生产总值水平在全球属于中等收入国家，用每天 2 美元标准衡量贫困状况和反贫成果比较合适。

二是要注意引用最近更新的数据。世界银行根据全球情况和中国实际情况，有时对测算方法进行调整，使得不同年度公布的数据也会有所不同，甚至相差很大。比如，世行前行长沃尔芬森在 2005 年上海国际扶贫大会上曾经使用过的“中国贫困人口 1.5 亿”的数据，指的是世行在 2005 年发布的中国 2002 年极端贫困人口规模。但是，按世行最新发布结果，中国 2002 年极端贫困人口是 3.6 亿。世行公布的中国 2008 年按每天 2 美元标准衡量的贫困人口比重也从曾经的 26%，调整到现在的 28.3%。

三是要注意说明是用哪条标准衡量的哪一年的贫困人口。标准不同，中国的贫困人口规模不同。中国的经济增长较快，年度间贫困规模变化也较大。如中国 2010 年在每天 2 美元标准以下的贫困人口还有 3.1 亿，2011 年就降到了 2.5 亿。

四是正式场合要直接引用世行已发布的数据。在正式场合或报告中，直接引用世行最新发布的贫困状况，并说明是按哪条标准衡量的贫困。

需要说明的是，在某些场合引用以国际贫困标准衡量的贫困人口数，并不妨碍我们用国内标准说明本国的贫困状况和反贫成果。国际贫困标准主要用于贫困状况的国际比较。全球多数国家都根据本国实际确定本国贫困标准，并发布按本国贫困标准衡量的贫困人口数。世行贫困数据库和世界发展报告也提供各国按本国贫困标准衡量的贫困人口数。

（国家统计局住户办　王萍萍）

每天 1.9 美元国际贫困标准衡量的中国贫困状况①

近日，世界银行发布了基于 2011 年价格水平的国际贫困标准，其中极端贫困标准为每天 1.9 美元。按此标准，2012 年全球极端贫困发生率为 12.7%，极端贫困人口规模 8.97 亿。中国贫困发生率为 6.5%，贫困人口约 8700 万。世行也发布各国按每天 3.1 美元测算的贫困状况。

一、每天 1.9 美元标准的来源

2011 年价格的每天 1.9 美元标准，总体上等价于 2005 年价格的每天 1.25 美元。根据世界银行网站公布的资料②，两者都是全球 15 个最贫困国家的国家贫困线的简单平均值。具体方法是：以 2005 年各国货币表示的国家贫困线为基础，用该国的居民消费价格指数更新到 2011 年价格水平，再用 2011 年购买力平价指数（PPP），将各国的以本国货币表示的国家贫困线，换算为以美元表示的国家贫困线，最后计算出 15 个最贫困国家的平均值。

以人民币表示的新国际贫困标准为每年 2564 元（2011 年价格）。按照 2011 年购买力平价指数即 1 美元=3.696 人民币换算，每天 1.9 美元相当于人民币每年 2564 元。

有人质疑，国际贫困标准提高过快。从 2005 年价格的 1.25 美元到 2011 年价格的 1.9 美元，6 年提高 52%，增幅远超同期美国物价上涨速度。对此，世界银行的解释是，根据 2005 年和 2011 年的国际价格比较结果，多数穷国对美国的相对价格水平变低了。各国以本国货币表示的国家贫困线所代表的生活水平虽然基本不变，但转换成以美元表示的数值却变高了，从而拉动以美元表示的国际贫困标准大幅提高。

我们认为，国际极端贫困标准调整幅度难免与各国实际物价水平变化幅度有所不同。首先，调整体现的是最贫困国家物价水平的平均变化。对单个国家或者 15 国以外的其他国家来说，该国实际物价变化难免与这个平均值有差别，从而导致测算的贫困新数据与老数据的一些差异。其次，调整体现的是相对于美元的比价变化。如果一个国家或地区对美国的相对价格变高了，贫困标准上调幅度就会大于本国或本地区物价指数上升幅度，测算的贫困数据一般会有所上升，比如中国、巴西、墨西哥等。

世行也用每天 3.1 美元衡量中等收入国家的贫困状况。2011 年价格的每天 3.1 美元等价于 2005 年价格的每天 2 美元，仍是发展中国家的国家贫困线的中位数。

二、每天 1.9 美元测量的中国贫困状况

新数据。世行用每天 1.9 美元测算，2012 年中国贫困发生率是 6.5%，全国贫困

① 本文撰写于 2015 年 10 月 12 日。

② http://blogs.worldbank.org/developmenttalk/international-poverty-line-has-just-been-raised-190-day-global-poverty-basically-unchanged-how-even。

规模约 8700 万。与 1981 年相比，贫困人口减少了 7.90 亿。减贫人口占全球减贫人口的 72%。中国贫困人口占发展中国家贫困人口约 10%，仍是全球贫困人口第三多的国家。

表 6-5-1 世界银行发布的贫困新数据

年份	全球		中国			
	每天 1.9 美元		每天 1.9 美元		每天 3.1 美元	
	贫困发生率（%）	贫困人口（万人）	贫困发生率（%）	贫困人口（万人）	贫困发生率（%）	贫困人口（万人）
1981	44.3	199728	88.3	87780	99.1	98534
1990	37.1	195857	66.6	75581	89.2	101259
1999	29.1	175145	40.5	50786	67.2	84159
2010	16.3	111975	11.2	14956	27.2	36439
2011	14.1	98333	7.9	10644	22.2	29965
2012	12.7	89670	6.5	8734	19.1	25794

老数据。世行原来用每天 1.25 美元测算，2012 年中国贫困发生率是 5.2%，全国贫困规模是 7100 万人。与 1981 年相比，贫困人口下降了 7.67 亿，减贫人口占全球减贫人口的 70%。

新老数据差异。与世行原来发布的老数据相比，各年度新数据都有所上升。2012 年中国贫困发生率数据提高了 1.3 个百分点，全国贫困人口数据增加约 1600 万。1981 年 -2012 年的减贫人口增加了 2300 万人，中国减贫人口在全球减贫人口中的比重提高了 2 个百分点。所以，新数据反映的中国贫困规模比老数据有所上升，但扶贫成就更加明显。

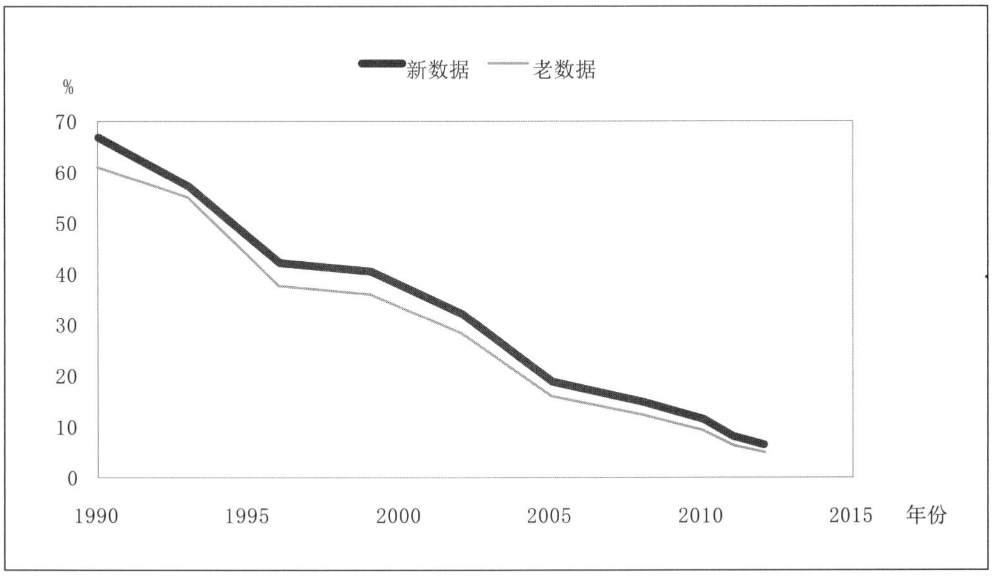

图 6-5-1 世行调整国际贫困标准对中国贫困发生率的影响

新数据与我国农村贫困数据的差异。我国主要公布农村范围的贫困人口，世行主要公布我国全国范围的贫困人口。与我国发布的 2012 年农村贫困人口 9899 万相比，用每天 1.9 美元测算的 2012 年中国全国贫困人口少了 1165 万。

新数据走向。国家统计局模拟世行方法进行初步测算，至 2014 年，用每天 1.9 美元测算的全国贫困人口降到 4500 万以下。预计 2015 年贫困人口降至 4000 万以下，贫困发生率降至 3% 以下。

三、每天 1.9 美元国际贫困标准与我国农村贫困标准的关系

2011 年，世行新国际贫困标准以人民币表示为每年 2564 元，同年我国农村贫困标准为每年 2536 元。从数值上看，新的国际标准略高于我国农村贫困标准。但实质上，我国农村贫困标准所代表的生活水平仍显著高于每天 1.9 美元的国际贫困标准。

如果使用农村物价水平换算，中国农村贫困标准是新国际贫困标准的 1.21 倍。新国际贫困标准对应的是中国居民平均物价水平。由于中国存在较明显的二元经济特征，城乡物价水平差异大。若按中国农村物价水平换算，每天 1.9 美元约相当于中国农村每年 2100 元。所以，中国农村贫困标准是新国际标准的 1.21 倍，相当于 2011 年价格的每天 2.3 美元。

中国农村贫困标准是与“保障义务教育、基本医疗和住房”共同实施的稳定温饱标准。根据住户调查结果，在有基本住房的情况下，我国现有农村贫困标准，可满足健康生存需要的食物消费，以及同等重要的非食物消费需求。与“三保障”同时实施，就是不愁吃、不愁穿的稳定温饱标准。它所代表的这种生活水平，不会因为国际贫困标准的上调而改变。如果使用国际方法测算贫困数据，将基本住房的折算租金也包括在居民消费支出中，仅此一项，中国农村贫困标准所代表的生活水平相当于比每天 2.3 美元还要高 20%。

以中国农村贫困标准测算的农村贫困人口，多于以每天 1.9 美元测算的农村贫困人口，说明中国农村贫困标准实质性地高于国际贫困标准。2012 年，按我国农村贫困标准测算的农村贫困人口为 9899 万，而按新的国际标准测算的中国农村贫困人口 8336 万。

四、小结

总体而言，世界银行本次调整国际贫困标准虽然使公布的中国贫困人口有所增加，但对中国贫困现状、扶贫成就以及 2020 年能否全面脱贫没有实质性影响。

一是与上一轮标准调整时产生的变化相比，本轮调整产生的变化明显较小。比如，世行在 2005 年上海国际扶贫大会上使用的“中国贫困人口 1.5 亿”数据，是世行曾经公布的中国 2002 年极端贫困人口规模。2008 年，当世行将贫困标准从每天 1.08 美元上调为每天 1.25 美元后，世行公布的中国 2002 年极端贫困人口上调为 3.6 亿。

二是新数据反映中国反贫成就更明显，对全球的贡献也更大。1981 年 -2012 年，中国减贫人口从原来的 7.67 亿提高到现在的 7.90 亿，增加了 2300 万，对全球减贫

的贡献率从原来的 70% 提高到 72%，增加了 2 个百分点。

三是中国农村贫困标准仍明显高于国际极端贫困标准。中国农村贫困标准对国际极端贫困标准的比率，原来为 1.26 倍，现在为 1.21 倍。我国公布的农村贫困人口规模仍大于世行公布的极端贫困人口规模。与“三保障”同时实施的中国农村贫困标准，仍是“不愁吃、不愁穿”的稳定温饱标准，是农村居民跨入小康的门槛。

（国家统计局住户办　王萍萍）

第七部分　统计资料

7

资料使用说明

一、数据来源

本报告的数据主要有四个来源：

（一）全国住户收支与生活状况调查：该调查由国家统计局住户调查办公室负责组织实施，按照分层随机抽样方法在全国共抽取约 16 万调查户开展抽样调查。样本规模和分布经过科学测算，抽样结果经过严格评估，对全国、分省有代表性。统计资料第一部分《全国农村统计资料》主要来自该调查。

（二）国家农村贫困监测调查：该调查由国家统计局住户调查办公室负责组织实施。抽样方法同全国住户收支与生活状况调查，样本覆盖我国贫困地区的 592 个扶贫重点县及 14 个连片特困地区县，调查村委会 5000 多个，近 6 万户，抽样结果对全国贫困地区、连片特困地区和扶贫重点县有代表性。统计资料第二部分《贫困地区统计资料》、第三部分《连片特困地区统计资料》、第四部分《扶贫重点县统计资料》主要来自该调查。

（三）县（市）社会经济基本情况统计：该项统计由国家统计局农村司负责组织实施。统计资料第二部分《贫困地区统计资料》、第三部分《连片特困地区统计资料》、第四部分《扶贫重点县统计资料》中的综合资料来自该项统计。

（四）部门统计调查。

二、其他说明

（一）本报告中的全国数据未包括香港、澳门特别行政区和台湾省；

（二）空栏代表数据缺失，使用“--”表示；

（三）由于小数点原因，部分分项数据加总与汇总数据不完全一致，本报告未做调整。

一、全国农村

表 1-1-1　历年全国农村贫困状况

年　份	1978 年标准		2008 年标准		2010 年标准	
	贫困人口（万人）	贫困发生率（%）	贫困人口（万人）	贫困发生率（%）	贫困人口（万人）	贫困发生率（%）
1978	25000	30. 7			77039	97. 5
1980	22000	26. 8			76542	96. 2
1981	15200	18. 5				
1982	14500	17. 5				
1983	13500	16. 2				
1984	12800	15. 1				
1985	12500	14. 8			66101	78. 3
1986	13100	15. 5				
1987	12200	14. 3				
1988	9600	11. 1				
1989	10200	11. 6				
1990	8500	9. 4			65849	73. 5
1991	9400	10. 4				
1992	8000	8. 8				
1994	7000	7. 7				
1995	6540	7. 1			55463	60. 5
1997	4962	5. 4				
1998	4210	4. 6				
1999	3412	3. 7				
2000	3209	3. 5	9422	10. 2	46224	49. 8
2001	2927	3. 2	9029	9. 8		
2002	2820	3. 0	8645	9. 2		
2003	2900	3. 1	8517	9. 1		
2004	2610	2. 8	7587	8. 1		
2005	2365	2. 5	6432	6. 8	28662	30. 2
2006	2148	2. 3	5698	6. 0		
2007	1479	1. 6	4320	4. 6		
2008			4007	4. 2		
2009			3597	3. 8		
2010			2688	2. 8	16567	17. 2
2011					12238	12. 7
2012					9899	10. 2
2013					8249	8. 5
2014					7017	7. 2

数据来源：国家统计局农村住户调查和住户收支与生活状况调查。

注：① 1978 年标准：1978–1999 年称为农村贫困标准，2000–2007 年称为农村绝对贫困标准。

② 2008 年标准：2000–2007 年称为农村低收入标准，2008–2010 年称为农村贫困标准。

③ 2010 年标准：是新确定的农村扶贫标准。

表 1-1-2　2010-2014 年全国分地区农村贫困人口规模

单位：万人

地　区	2010 年	2011 年	2012 年	2013 年	2014 年
全　国	16567	12238	9899	8249	7017
北　京	1	2	1	0	0
天　津	8	5	1	0	0
河　北	872	561	437	366	320
山　西	574	444	359	299	269
内蒙古	258	160	139	114	98
辽　宁	213	157	146	126	117
吉　林	216	140	103	89	81
黑龙江	239	155	130	111	96
上　海	0	0	0	0	0
江　苏	187	123	106	95	61
浙　江	148	94	83	72	45
安　徽	839	710	543	440	371
福　建	167	114	87	73	50
江　西	538	438	385	328	276
山　东	544	345	313	264	231
河　南	1461	955	764	639	565
湖　北	678	488	395	323	271
湖　南	1006	908	767	640	532
广　东	314	166	128	115	82
广　西	1012	950	755	634	540
海　南	133	88	65	60	50
重　庆	363	202	162	139	119
四　川	1409	912	724	602	509
贵　州	1521	1149	923	745	623
云　南	1468	1014	804	661	574
西　藏	117	106	85	72	61
陕　西	756	592	483	410	350
甘　肃	862	722	596	496	417
青　海	118	108	82	63	52
宁　夏	77	77	60	51	45
新　疆	469	353	273	222	212

数据来源：国家统计局住户收支与生活状况调查。

表 1-1-3　2010-2014 年全国分地区农村贫困发生率

单位：%

地区	2010 年	2011 年	2012 年	2013 年	2014 年
全国	17.2	12.7	10.2	8.5	7.2
北京	0.3	0.3	0.2	0	0
天津	2.0	1.2	0.2	0	0
河北	15.8	10.1	7.8	6.5	5.6
山西	24.1	18.6	15.0	12.4	11.1
内蒙古	19.7	12.2	10.6	8.5	7.3
辽宁	9.1	6.8	6.3	5.4	5.1
吉林	14.7	9.5	7.0	5.9	5.4
黑龙江	12.7	8.3	6.9	5.9	5.1
上海	0.1	0	0	0	0
江苏	3.8	2.5	2.1	2.0	1.3
浙江	3.9	2.5	2.2	1.9	1.1
安徽	15.7	13.2	10.1	8.2	6.9
福建	6.2	4.2	3.2	2.6	1.8
江西	15.8	12.6	11.1	9.2	7.7
山东	7.6	4.8	4.4	3.7	3.2
河南	18.1	11.8	9.4	7.9	7.0
湖北	16.9	12.1	9.8	8.0	6.6
湖南	17.9	16.0	13.5	11.2	9.3
广东	4.6	2.4	1.9	1.7	1.2
广西	24.3	22.6	18.0	14.9	12.6
海南	23.8	15.5	11.4	10.3	8.5
重庆	15.1	8.5	6.8	6.0	5.3
四川	20.2	13.0	10.3	8.6	7.3
贵州	45.1	33.4	26.8	21.3	18.0
云南	40.0	27.3	21.7	17.8	15.5
西藏	49.2	43.9	35.2	28.8	23.7
陕西	27.3	21.4	17.5	15.1	13.0
甘肃	41.3	34.6	28.5	23.8	20.1
青海	31.5	28.5	21.6	16.4	13.4
宁夏	18.3	18.3	14.2	12.5	10.8
新疆	44.6	32.9	25.4	19.8	18.6

数据来源：国家统计局住户收支与生活状况调查。

表 1-1-4　2013-2014 年全国分地区农村常住居民人均可支配收入

单位：元

地　区	2013 年	2014 年
全　国	9430	10489
北　京	17101	18867
天　津	15353	17014
河　北	9188	10186
山　西	7949	8809
内蒙古	8985	9976
辽　宁	10161	11191
吉　林	9781	10780
黑龙江	9369	10453
上　海	19208	21192
江　苏	13521	14958
浙　江	17494	19373
安　徽	8850	9916
福　建	11405	12650
江　西	9089	10117
山　东	10687	11882
河　南	8969	9966
湖　北	9692	10849
湖　南	9029	10060
广　东	11068	12246
广　西	7793	8683
海　南	8802	9913
重　庆	8493	9490
四　川	8381	9348
贵　州	5898	6671
云　南	6724	7456
西　藏	6553	7359
陕　西	7092	7932
甘　肃	5589	6277
青　海	6462	7283
宁　夏	7599	8410
新　疆	7847	8724

数据来源：国家统计局住户收支与生活状况调查。

表 1-1-5　2013-2014 年全国分地区农村常住居民人均消费支出

单位：元

地　区	2013 年	2014 年
全　国	7485	8383
北　京	13564	14535
天　津	12491	13739
河　北	7377	8248
山　西	6458	6992
内蒙古	9080	9972
辽　宁	7032	7801
吉　林	7523	8140
黑龙江	7192	7830
上　海	13016	14820
江　苏	10759	11820
浙　江	12803	14498
安　徽	7200	7981
福　建	9986	11056
江　西	6807	7548
山　东	6877	7962
河　南	6359	7277
湖　北	7850	8681
湖　南	7833	9025
广　东	8938	10043
广　西	6035	6675
海　南	6376	7029
重　庆	6971	7983
四　川	7365	8301
贵　州	5291	5970
云　南	5247	6030
西　藏	4102	4822
陕　西	6488	7252
甘　肃	5654	6148
青　海	7506	8235
宁　夏	6740	7676
新　疆	7103	7365

数据来源：国家统计局住户收支与生活状况调查。

表 1-1-6　2011-2014 年全国农村常住居民收入消费增长情况

单位：%

年 份	人均可支配收入名义增速	人均可支配收入实际增速	人均消费支出名义增速	人均消费支出实际增速
2011	17.9	11.4	19.2	12.6
2012	13.5	10.7	13.2	10.4
2013	12.4	9.3	12.1	9.0
2014	11.2	9.2	12.0	10.0

数据来源：国家统计局全国农村住户调查、住户收支与生活状况调查。

注：2012 年国家统计局开始实施城乡一体化住户调查改革。全国农村贫困资料中 2011-2012 年数据来源于改革之前的全国农村住户调查 ,2013-2014 年数据来源于改革之后的全国住户收支与生活状况调查，下同。

表 1-1-7　2013-2014 年全国农村常住居民人均可支配收入及构成

指　标	收入水平　（元／人）		构成（%）	
	2013 年	2014 年	2013 年	2014 年
可支配收入	9430	10489	100.0	100.0
一、工资性收入	3653	4152	38.7	39.6
二、经营净收入	3935	4237	41.7	40.4
（一）第一产业净收入	2840	2999	30.1	28.6
1. 农业	2160	2307	22.9	22.0
2. 牧业	460	443	4.9	4.2
（二）第二产业经营净收入	253	259	2.7	2.5
（三）第三产业经营净收入	843	980	8.9	9.3
三、财产净收入	195	222	2.1	2.1
四、转移净收入	1648	1877	17.5	17.9

数据来源：国家统计局住户收支与生活状况调查。

表 1-1-8　2013-2014 年全国农村常住居民消费支出及构成

指标名称	水平（元 / 人）		构成（%）	
	2013 年	2014 年	2013 年	2014 年
消费支出	7485	8383	100.0	100.0
（一）食品烟酒	2554	2814	34.1	33.6
（二）衣着	454	510	6.1	6.1
（三）居住	1580	1763	21.1	21.0
（四）生活用品及服务	455	507	6.1	6.0
（五）交通通信	875	1013	11.7	12.1
（六）教育文化娱乐	755	860	10.1	10.3
（七）医疗保健	668	754	8.9	9.0
（八）其他用品及服务	144	163	1.9	1.9

数据来源：国家统计局住户收支与生活状况调查。

表 1-1-9　2010-2014 年农村居民年末每百户主要耐用消费品拥有量

指标名称	单 位	2010 年	2013 年	2014 年
家用汽车	辆	2.8	9.9	11.0
电动助力车	台	--	40.3	45.4
洗衣机	台	57.3	71.2	74.8
电冰箱（柜）	台	45.2	72.9	77.6
微波炉	台	--	14.1	14.7
彩色电视机	台	111.8	112.9	115.6
空调	台	16.0	29.8	34.2
热水器	台	28.3	43.6	48.2
排油烟机	台	11.1	12.4	13.9
移动电话	部	136.5	199.5	215.0
计算机	台	10.4	20.0	23.5

数据来源：国家统计局农村住户调查、住户收支与生活状况调查。

二、贫困地区

（一）2011-2013 年贫困地区综合资料

表 2-1-1 贫困地区经济社会发展情况

指标名称	单位	2011 年	2012 年	2013 年
一、贫困地区基本情况				
行政区域面积	万平方公里	439	440	445
乡个数	个	6917	6920	6796
镇个数	个	5271	5347	5554
村民委员会个数	个	175110	174684	--
常住户数	万户	--	--	8155
二、财政金融资料				
地区生产总值	亿元	36637	42491	47773
#第一产业增加值	亿元	8979	10197	11108
第二产业增加值	亿元	16019	18804	21082
第三产业增加值	亿元	11641	13490	15583
公共财政收入	亿元	1833	2345	2987
公共财政支出	亿元	10427	13023	14612
年末金融机构各项存款余额	亿元	36799	45043	51765
#居民储蓄存款余额	亿元	23414	28729	33710
年末金融机构各项贷款余额	亿元	16759	20889	25863

数据来源：国家统计局县（市）社会经济基本情况统计。

表 2-1-2　贫困地区居民生产生活情况

指标名称	单位	2011 年	2012 年	2013 年
一、农业生产情况				
农业机械总动力	万千瓦特	20945	22441	23427
粮食总产量	万吨	10430	11766	13689
油料产量	万吨	803	833	885
棉花产量	万吨	101	95	86
肉类总产量	万吨	2077	2302	2318
二、工业生产情况				
规模以上工业企业单位数	个	19993	22467	25287
规模以上工业总产值	亿元	32248	38111	45125
全社会用电量	亿千瓦时	3446	3825	4288
#居民生活用电量	亿千瓦时	538	659	755
三、生产生活条件				
固定电话用户	万台	2577	2415	2212
移动电话用户	万部	11205	12722	14541
互联网宽带接入用户	万户	950	1201	1561
社会消费品零售总额	亿元	10580	12493	14261

数据来源：国家统计局县（市）社会经济基本情况统计。

表 2-1-3　贫困地区文化教育、医疗保健、绿化环保情况

指标名称	单位	2011 年	2012 年	2013 年
一、文化教育情况				
普通中学在校学生数	万人	1660	1577	1474
小学在校学生数	万人	2512	2523	2222
体育场馆个数	个	821	822	954
剧场、影剧院个数	个	737	751	771
二、医疗保健				
医疗卫生机构床位数	万床	66.5	76.1	85.5
医疗卫生机构技术人员	万人	63.1	69.3	78.6
#执业医师	万人	27.6	29.6	31.7
各种社会福利收养性单位数	个	9239	9385	9372
各种社会福利收养性单位床位数	万床	57.5	60.0	69.2
新型农村合作医疗参保人数	万人	23088	23376	23725
新型农村社会养老保险参保人数	万人	8363	11833	12859
三、环保绿化				
森林面积	万公顷	8950	9251	10321
污水处理厂数	座	615	698	890
垃圾处理站数	个	924	1111	1139

数据来源：国家统计局县（市）社会经济基本情况统计。

（二）2014 年贫困地区贫困状况

表 2-2-1　2014 年贫困地区农村贫困人口变化情况

地区	贫困人口			贫困发生率	
	数量（万人）	下降（万人）	下降幅度（%）	水平（%）	下降（百分点）
合计	4317	753	14.8	16.6	2.7
河北	265	39	12.7	19.0	1.3
山西	107	19	14.9	18.9	2.8
内蒙古	95	15	13.7	13.4	2.6
吉林	14	1	7.6	12.9	0.7
黑龙江	82	7	7.5	15.5	1.9
安徽	252	49	16.3	12.9	2.8
江西	176	39	18.2	14.9	3.2
河南	328	42	11.4	11.3	2.0
湖北	180	36	16.7	14.9	2.8
湖南	343	80	18.9	18.3	2.5
广西	164	32	16.2	15.7	3.4
海南	12	-3	-32.0	15.9	-3.4
重庆	83	14	14.4	9.7	0.7
四川	273	58	17.4	16.3	3.4
贵州	545	109	16.7	19.0	4.6
云南	536	71	11.7	20.3	1.6
西藏	61	11	15.3	23.7	5.1
陕西	227	44	16.3	17.2	2.2
甘肃	381	70	15.5	23.4	4.1
青海	52	11	17.5	14.1	2.3
宁夏	30	3	8.9	14.4	1.8
新疆	111	6	5.1	18.7	1.3

数据来源：国家统计局农村贫困监测调查。

表 2-2-2　2014 年贫困地区农村常住居民收入情况

地　区	人均可支配收入（元）	名义增速（%）
合　计	6852	12.7
河　北	6886	12.0
山　西	5430	11.4
内蒙古	7375	12.7
吉　林	6414	10.6
黑龙江	6450	9.4
安　徽	8062	13.2
江　西	6830	12.8
河　南	7983	12.9
湖　北	7831	12.3
湖　南	6461	13.0
广　西	7044	12.7
海　南	7449	4.3
重　庆	8044	12.8
四　川	7091	12.9
贵　州	6381	14.8
云　南	6314	12.4
西　藏	7359	12.3
陕　西	6963	13.0
甘　肃	5106	13.8
青　海	7283	12.7
宁　夏	6555	12.2
新　疆	6635	10.8

数据来源：国家统计局农村贫困监测调查。

注：2012 年国家统计局实施了城乡住户调查一体化改革，贫困地区开始使用农村常住居民人均可支配收入。

表 2-2-3　2014 年贫困地区农村常住居民消费支出

地　区	人均消费支出（元）	名义增速（%）
合　计	6007	11.2
河　北	6210	7.7
山　西	5080	9.7
内蒙古	7232	11.8
吉　林	5948	11.3
黑龙江	5612	12.1
安　徽	7159	12.3
江　西	6035	10.9
河　南	5845	10.4
湖　北	7249	11.4
湖　南	6355	12.8
广　西	6517	13.1
海　南	6626	4.9
重　庆	7345	14.0
四　川	6100	10.4
贵　州	5897	10.7
云　南	4958	12.4
西　藏	4822	17.6
陕　西	6406	9.7
甘　肃	4912	13.9
青　海	8235	9.7
宁　夏	6132	9.2
新　疆	5203	5.6

数据来源：国家统计局农村贫困监测调查。

注：2012 年国家统计局实施了城乡住户调查一体化改革，贫困地区开始使用农村常住居民人均消费支出。

表 2-2-4　2014 年贫困地区农村常住居民收入消费结构

指标名称	水平（元）	构成（%）	增长（%）
一、人均可支配收入	6852	100.0	12.7
1. 工资性收入	2240	32.7	16.7
2. 经营净收入	3033	44.3	8.8
3. 财产净收入	81	1.2	29.9
4. 转移净收入	1497	21.8	14.4
二、人均消费支出	6007	100.0	11.2
1. 食品烟酒	2197	36.6	6.5
2. 衣着	370	6.2	11.0
3. 居住	1244	20.7	8.6
4. 生活用品及服务	382	6.4	14.8
5. 交通通信	615	10.2	19.5
6. 教育文化娱乐	590	9.8	17.5
7. 医疗保健	511	8.5	19.2
8. 其他商品和服务	99	1.6	15.7

数据来源：国家统计局农村贫困监测调查。

表 2-2-5　2014 年贫困地区农户住房及家庭设施状况

地　区	1. 居住竹草土坯房的农户比重（%）	2. 使用照明电的农户比重（%）	3. 使用管道供水的农户比重（%）
合　计	6.6	99.5	55.9
河　北	4.6	99.8	64.2
山　西	10.3	99.9	69.1
内蒙古	21.1	99.9	35.2
吉　林	16.8	99.8	77.4
黑龙江	19.5	99.9	42.0
安　徽	0.4	99.5	35.1
江　西	4.7	99.7	41.5
河　南	1.8	99.9	37.7
湖　北	11.2	99.4	49.7
湖　南	1.2	99.8	50.6
广　西	1.6	99.9	76.5
海　南	0.1	99.8	70.8
重　庆	4.3	99.4	50.6
四　川	10.7	99.0	38.9
贵　州	1.3	99.8	67.9
云　南	5.8	99.6	71.2
西　藏	3.4	93.8	50.0
陕　西	11.8	99.6	69.5
甘　肃	12.0	99.8	60.4
青　海	6.3	94.0	77.0
宁　夏	18.1	97.2	58.3
新　疆	22.0	99.7	89.3

数据来源：国家统计局农村贫困监测调查。

表 2-2-5　2014 年贫困地区农户住房及家庭设施状况（续）

地　区	4. 使用经过净化处理自来水的农户比重（%）	5. 饮水无困难的农户比重（%）	6. 独用厕所的农户比重（%）	7. 炊用柴草的农户比重（%）
合　计	33. 1	82. 3	93. 1	57. 8
河　北	40. 1	80. 7	98. 2	46. 3
山　西	27. 8	74. 3	93. 9	34. 3
内蒙古	29. 2	91. 6	91. 4	77. 5
吉　林	61. 6	88. 8	98. 8	83. 2
黑龙江	30. 9	87. 0	99. 9	97. 4
安　徽	31. 5	95. 4	96. 3	75. 4
江　西	22. 5	91. 3	89. 5	64. 1
河　南	30. 6	91. 4	98. 0	53. 0
湖　北	30. 1	83. 3	89. 9	74. 8
湖　南	30. 0	84. 3	95. 6	54. 7
广　西	34. 7	87. 3	95. 3	67. 9
海　南	48. 8	77. 4	53. 9	78. 3
重　庆	28. 9	74. 5	98. 7	62. 8
四　川	17. 9	72. 3	92. 6	75. 6
贵　州	31. 7	73. 7	92. 2	35. 7
云　南	27. 5	72. 6	79. 8	54. 5
西　藏	21. 3	64. 8	69. 4	68. 2
陕　西	38. 2	86. 7	96. 0	61. 1
甘　肃	48. 7	78. 0	98. 1	43. 5
青　海	49. 9	84. 9	93. 0	37. 5
宁　夏	45. 2	88. 7	97. 8	31. 0
新　疆	88. 9	91. 8	97. 1	56. 7

数据来源：国家统计局农村贫困监测调查。

表 2-2-6　2014 年贫困地区农村每百户耐用消费品拥有量

地　区	1. 汽车（辆）	2. 洗衣机（台）	3. 电冰箱（台）	4. 移动电话（部）	5. 计算机（台）
合　计	6.7	71.1	60.9	194.8	11.1
河　北	9.9	81.3	68.2	168.5	16.4
山　西	4.1	72.6	35.4	136.7	11.7
内蒙古	13.9	81.1	78.4	195.4	14.8
吉　林	8.1	75.2	70.8	148.0	16.4
黑龙江	5.8	83.7	72.3	165.3	9.3
安　徽	6.3	69.6	79.0	178.9	11.3
江　西	6.6	28.4	68.9	214.7	11.8
河　南	5.4	85.2	62.8	190.2	13.3
湖　北	5.8	64.5	69.1	200.7	18.2
湖　南	2.8	57.9	67.1	195.7	11.2
广　西	6.9	58.9	83.3	238.8	14.5
海　南	2.7	25.5	29.8	232.0	2.4
重　庆	4.7	73.8	76.1	187.6	14.0
四　川	4.1	65.8	58.2	177.6	5.6
贵　州	7.6	78.0	56.2	211.4	10.5
云　南	8.1	64.1	39.9	209.3	4.5
西　藏	17.1	33.5	37.9	146.2	0.2
陕　西	4.8	80.9	51.8	208.5	14.1
甘　肃	6.6	81.6	43.0	207.7	9.6
青　海	16.3	88.6	79.8	238.0	9.2
宁　夏	12.4	89.8	66.0	282.2	16.8
新　疆	6.2	71.6	59.2	118.3	2.8

数据来源：国家统计局农村贫困监测调查。

表 2-2-7　2014 年贫困地区基础设施状况

地　区	1. 通电的自然村比重（%）	2. 通电话的自然村比重（%）	3. 通有线电视信号的自然村比重（%）	4. 通宽带的自然村比重（%）
合　计	99.5	95.2	75.0	48.0
河　北	99.9	96.5	82.5	69.1
山　西	96.9	95.2	76.8	70.2
内蒙古	99.7	87.5	90.9	49.7
吉　林	99.8	99.9	99.5	84.9
黑龙江	98.9	94.3	94.7	75.5
安　徽	99.8	99.9	90.4	74.2
江　西	99.7	97.9	86.9	61.9
河　南	99.9	99.3	90.8	67.0
湖　北	99.8	93.7	70.6	49.2
湖　南	99.9	95.3	74.8	60.6
广　西	99.7	91.7	42.4	32.4
海　南	99.4	78.9	43.1	22.1
重　庆	99.9	96.5	96.3	39.3
四　川	97.3	94.3	63.3	21.4
贵　州	99.9	87.1	46.1	30.7
云　南	99.0	95.0	65.3	22.6
西　藏	87.8	86.7	75.8	7.2
陕　西	99.6	97.3	93.2	65.4
甘　肃	99.2	97.8	93.9	42.6
青　海	94.5	93.9	74.5	47.9
宁　夏	99.4	94.0	100.0	27.5
新　疆	99.3	98.1	72.7	49.7

数据来源：国家统计局农村贫困监测调查。

表 2-2-7　2014 年贫困地区基础设施状况（续）

地　区	5. 主干道路面经过硬化处理的自然村比重（%）	6. 通客运班车的自然村比重（%）	7. 饮用水经过集中净化处理的自然村比重（%）	8. 拥有畜禽集中饲养区的行政村比重（%）
合　计	64.7	42.7	34.4	26.7
河　北	79.0	63.2	34.1	27.5
山　西	91.1	81.4	40.8	22.2
内蒙古	49.8	63.1	27.8	24.1
吉　林	95.2	70.1	81.7	20.8
黑龙江	75.7	67.0	20.0	17.6
安　徽	76.5	35.5	46.2	41.5
江　西	72.7	41.9	28.8	31.0
河　南	79.2	37.1	26.6	26.4
湖　北	63.7	40.4	25.8	23.3
湖　南	72.2	54.1	31.6	24.5
广　西	52.6	31.8	26.0	18.8
海　南	81.6	32.9	39.8	14.6
重　庆	39.7	28.5	20.6	33.3
四　川	57.1	30.4	25.9	22.8
贵　州	60.4	42.5	31.0	30.1
云　南	48.4	34.5	33.5	23.2
西　藏	51.6	28.9	11.5	4.7
陕　西	75.9	61.4	48.6	31.1
甘　肃	59.8	66.3	54.9	29.5
青　海	90.1	72.8	45.1	22.5
宁　夏	69.0	71.9	68.1	44.9
新　疆	90.8	86.8	86.5	8.0

数据来源：国家统计局农村贫困监测调查。

表 2-2-8 2014 年贫困地区文化教育卫生情况

地 区	1. 有文化活动室的行政村比重（%）	2. 有卫生站（室）的行政村比重（%）	3. 拥有合法行医证医生／卫生员的行政村比重（%）	4. 有幼儿园或学前班的行政村比重（%）	5. 有小学且就学便利的行政村比重（%）
合 计	81.5	94.1	90.9	54.7	61.4
河 北	72.4	97.7	95.9	65.5	53.4
山 西	76.2	93.2	88.1	42.4	41.5
内蒙古	64.8	89.2	91.1	35.9	23.2
吉 林	90.5	78.6	78.5	32.9	29.8
黑龙江	73.4	91.7	98.5	31.9	35.5
安 徽	86.8	99.5	99.5	63.9	80.7
江 西	80.1	97.8	95.6	62.9	73.6
河 南	80.9	99.6	99.8	77.7	84.6
湖 北	79.4	94.1	93.0	43.8	45.2
湖 南	89.8	87.8	84.7	44.0	42.6
广 西	73.8	97.5	89.1	68.9	82.0
海 南	69.5	81.0	64.7	25.0	44.0
重 庆	92.4	97.6	97.0	42.8	44.4
四 川	80.6	86.5	77.8	42.4	40.8
贵 州	74.9	95.2	85.9	54.3	68.2
云 南	86.8	96.2	94.7	59.6	78.9
西 藏	97.6	64.6	68.8	30.0	21.0
陕 西	84.2	94.9	89.4	41.6	38.8
甘 肃	84.4	90.5	88.7	50.0	72.0
青 海	71.8	86.8	83.1	38.3	43.6
宁 夏	89.5	99.2	99.0	38.8	78.0
新 疆	88.6	80.5	66.8	74.9	77.0

数据来源：国家统计局农村贫困监测调查。

表 2-2-9　2014 年贫困地区扶贫资金来源与投向

单位：亿元

指标名称	金额
一、扶贫投资总额	1,420.9
1. 中央扶贫贴息贷款累计发放额	153.3
2. 中央财政专项扶贫资金	379.0
#以工代赈资金	40.9
少数民族发展资金	16.3
3. 中央专项退耕还林还草工程补助	66.7
4. 中央拨付的低保资金	263.7
5. 省级财政安排的扶贫资金	125.2
6. 国际扶贫资金	3.6
7. 其他资金	429.5
二、扶贫资金投向	1,420.9
1. 农业	130.1
2. 林业	69.9
3. 畜牧业	75.4
4. 农产品加工业	22.7
5. 农村饮水安全工程	37.8
6. 小型农田水利及农村水电	58.0
7. 病险水库除险加固	13.0
8. 村通公路（通畅、通达工程等）	181.4
9. 农网完善及无电地区电力设施建设	42.5
10. 村村通电话、互联网覆盖等农村信息化建设	12.1
11. 农村沼气等清洁能源建设	5.9
12. 农村危房改造	109.0
13. 乡卫生院、村卫生站（室）建设及设施	16.6
14. 卫生技术人员培训	1.9
15. 劳动力职业技能培训	11.3
16. 易地扶贫搬迁	78.5
17. 农村中小学建设	160.3
18. 农村中小学营养餐计划	74.4
19. 其他	319.1

数据来源：国家统计局农村贫困监测调查。

（三）2014 年贫困地区分组收入消费情况

表 2-3-1　按人均可支配收入五等份分组的贫困地区农村常住居民收入消费

单位：元

指标名称	合计	低收入组	中低收入组	中等收入组	中高收入组	高收入组
一、人均可支配收入	6852	2013	4386	6023	8082	13753
1. 工资性收入	2240	860	1547	2098	2735	3961
2. 经营净收入	3033	586	1898	2570	3510	6600
3. 财产净收入	81	26	37	55	89	199
4. 转移净收入	1497	542	905	1300	1748	2992
二、人均消费支出	6007	4362	4787	5520	6545	8822
1. 食品烟酒	2197	1672	1854	2081	2389	2988
2. 衣着	370	265	291	342	406	546
3. 居住	1244	907	993	1135	1346	1837
4. 生活用品及服务	382	251	289	342	431	599
5. 交通通信	615	438	444	529	652	1011
6. 教育文化娱乐	590	431	479	584	687	768
7. 医疗保健	511	329	364	418	535	910
8. 其他用品和服务	99	68	74	89	100	163

数据来源：国家统计局农村贫困监测调查。

表 2-3-2　按家庭规模分组的贫困地区农村常住居民收入消费

单位：元

指标名称	合计	1 人户	2 人户	3 人户	4 人户	5 人户	6 人以上户
一、人均可支配收入	6852	11333	9111	7708	6487	5550	4844
1. 工资性收入	2240	2453	2377	2524	2399	1975	1632
2. 经营净收入	3033	3983	3783	3351	2886	2585	2460
3. 财产净收入	81	171	107	84	76	77	52
4. 转移净收入	1497	4726	2844	1749	1126	914	700
二、人均消费支出	6007	10797	7725	6900	5793	4819	4042
1. 食品烟酒	2197	4481	3081	2453	2012	1718	1514
2. 衣着	370	665	415	433	374	303	259
3. 居住	1244	2489	1704	1456	1157	970	764
4. 生活用品及服务	382	756	508	441	381	280	238
5. 交通通信	615	875	690	728	622	502	451
6. 教育文化娱乐	590	419	375	694	731	585	401
7. 医疗保健	511	898	822	577	422	390	353
8. 其他用品和服务	99	215	130	118	94	71	62

数据来源：国家统计局农村贫困监测调查。

表 2-3-3　按照地势分组的贫困地区农村常住居民收入消费

单位：元

指标名称	合计	平原	丘陵	山地
一、人均可支配收入	6852	7344	7037	6441
1. 工资性收入	2240	2212	2395	2165
2. 经营净收入	3033	3394	2961	2856
3. 财产净收入	81	78	111	65
4. 转移净收入	1497	1660	1570	1355
二、人均消费支出	6007	6042	6323	5798
1. 食品烟酒	2197	2089	2290	2207
2. 衣着	370	438	368	329
3. 居住	1244	1325	1348	1132
4. 生活用品及服务	382	371	396	381
5. 交通通信	615	615	635	603
6. 教育文化娱乐	590	547	646	583
7. 医疗保健	511	544	532	479
8. 其他用品和服务	99	113	107	85

数据来源：国家统计局农村贫困监测调查。

表 2-3-4　按家庭成员最高文化程度分组的贫困地区农村常住居民收入消费

单位：元

指标名称	合计	未上学	小学	初中	高中	大学专科	本科及以上
一、人均可支配收入	6852	6557	6527	6644	6974	7600	7697
1. 工资性收入	2240	1153	1641	2158	2325	2954	2908
2. 经营净收入	3033	2933	3193	2941	3041	3183	3254
3. 财产净收入	81	92	88	77	80	81	107
4. 转移净收入	1497	2379	1605	1468	1527	1384	1428
二、人均消费支出	6007	5886	5291	5707	6288	6935	7514
1. 食品烟酒	2197	2829	2383	2169	2161	2186	2104
2. 衣着	370	353	314	369	385	398	386
3. 居住	1244	1191	1026	1222	1293	1438	1379
4. 生活用品及服务	382	295	319	372	422	421	396
5. 交通通信	615	354	467	608	640	701	788
6. 教育文化娱乐	590	108	194	378	748	1154	1804
7. 医疗保健	511	660	512	495	528	519	544
8. 其他用品和服务	99	97	75	94	111	117	114

数据来源：国家统计局农村贫困监测调查。

表 2-3-5　按照东中西分组的贫困地区农村常住居民收入消费

单位：元

指标名称	合计	东部	中部	西部
一、人均可支配收入	6852	6916	7283	6561
1. 工资性收入	2240	3184	2365	2052
2. 经营净收入	3033	2329	3025	3117
3. 财产净收入	81	78	85	79
4. 转移净收入	1497	1324	1807	1313
二、人均消费支出	6007	6232	6299	5791
1. 食品烟酒	2197	1959	2226	2204
2. 衣着	370	422	400	344
3. 居住	1244	1439	1409	1113
4. 生活用品及服务	382	356	406	370
5. 交通通信	615	682	584	628
6. 教育文化娱乐	590	539	615	579
7. 医疗保健	511	719	539	470
8. 其他用品和服务	99	116	120	83

数据来源：国家统计局农村贫困监测调查。

注：东部贫困地区包括河北、海南的贫困地区；中部贫困地区包括山西、吉林、黑龙江、安徽、江西、河南、湖北、湖南的贫困地区；西部贫困地区包括内蒙古、广西、重庆、四川、贵州、云南、西藏、陕西、甘肃、青海、宁夏、新疆的贫困地区。

表 2-3-6　按不同类型县分组的贫困地区农村常住居民收入消费

单位：元

指标名称	合计	民族地区县	陆地边境县	沙漠化县	较少民族聚集村所在县
一、人均可支配收入	6852	6493	6672	6736	6300
1. 工资性收入	2240	1870	1558	2257	1566
2. 经营净收入	3033	3347	3970	3129	3605
3. 财产净收入	81	75	118	94	99
4. 转移净收入	1497	1202	1026	1256	1030
二、人均消费支出	6007	5741	5274	5778	5392
1. 食品烟酒	2197	2186	2103	2026	2056
2. 衣着	370	340	312	439	331
3. 居住	1244	1082	974	1156	966
4. 生活用品及服务	382	349	284	296	288
5. 交通通信	615	678	690	693	731
6. 教育文化娱乐	590	560	427	514	517
7. 医疗保健	511	462	426	558	434
8. 其他用品和服务	99	84	58	97	68

数据来源：国家统计局农村贫困监测调查。

表 2-3-7　2014 年贫困地区分地区收入结构

单位：元

地　区	人均可支配收入	一、工资性收入	二、经营净收入	三、财产净收入	四、转移净收入
合　计	6852	2240	3033	81	1497
河　北	6886	3207	2244	81	1354
山　西	5430	2303	1844	71	1213
内蒙古	7375	1319	4554	178	1323
吉　林	6414	1159	4266	252	738
黑龙江	6450	671	4665	313	800
安　徽	8062	2560	3306	72	2124
江　西	6830	2758	2817	96	1158
河　南	7983	1995	3712	60	2216
湖　北	7831	2839	2652	77	2263
湖　南	6461	2759	1993	57	1652
广　西	7044	1808	3427	61	1748
海　南	7449	2766	3878	24	782
重　庆	8044	2154	3493	146	2250
四　川	7091	2609	3014	65	1403
贵　州	6381	2541	2638	63	1139
云　南	6314	1588	3738	55	932
西　藏	7359	1571	4362	130	1297
陕　西	6963	2831	2502	90	1541
甘　肃	5106	1534	2115	76	1380
青　海	7283	2041	3021	288	1932
宁　夏	6555	2334	2805	38	1378
新　疆	6635	1944	3589	53	1049

数据来源：国家统计局农村贫困监测调查。

表 2-3-8　2014 年贫困地区分地区消费结构

单位：元/人

地　区	消费支出	一、食品烟酒	二、衣着	三、居住	四、生活用品及服务
合　计	6007	2197	370	1244	382
河　北	6210	1910	428	1450	360
山　西	5080	1814	401	1053	312
内蒙古	7232	2200	501	1129	342
吉　林	5948	2125	406	1278	231
黑龙江	5612	1806	452	1391	230
安　徽	7159	2652	426	1580	426
江　西	6035	2325	290	1536	384
河　南	5845	1983	474	1281	430
湖　北	7249	2363	432	1657	495
湖　南	6355	2285	314	1333	409
广　西	6517	2360	228	1337	438
海　南	6626	2847	312	1236	288
重　庆	7345	2901	428	1432	585
四　川	6100	2570	376	1132	420
贵　州	5897	2267	337	1130	452
云　南	4958	2095	224	901	275
西　藏	4822	2535	458	688	253
陕　西	6406	1903	396	1496	391
甘　肃	4912	1778	350	934	332
青　海	8235	2626	615	1416	488
宁　夏	6132	1990	446	1062	411
新　疆	5203	2313	525	1028	186

数据来源：国家统计局农村贫困监测调查。

表 2-3-8 2014 年贫困地区分地区消费结构（续）

单位：元／人

地 区	五、交通通信	六、教育文化娱乐	七、医疗保健	八、其他用品和服务
合 计	615	590	511	99
河 北	686	523	735	118
山 西	477	502	449	73
内蒙古	1135	943	844	138
吉 林	516	605	689	98
黑龙江	565	587	513	68
安 徽	638	634	685	117
江 西	478	490	400	132
河 南	599	516	423	138
湖 北	712	734	712	145
湖 南	550	780	578	106
广 西	687	636	722	108
海 南	620	825	430	68
重 庆	649	783	479	89
四 川	569	464	472	97
贵 州	622	704	308	78
云 南	588	471	353	50
西 藏	517	129	92	150
陕 西	577	764	780	98
甘 肃	530	502	405	81
青 海	1392	611	944	143
宁 夏	711	745	590	177
新 疆	522	206	381	43

数据来源：国家统计局农村贫困监测调查。

（四）2012-2014年贫困地区发展情况

表2-4-1 2012-2014年贫困地区贫困人口变化情况

年　份	贫困人口（万人）	贫困发生率（%）	贫困人口下降（万人）	贫困人口下降幅度（%）
2012年	6039	23.2	--	--
2013年	5070	19.3	969	16.1
2014年	4317	16.6	753	14.8

数据来源：国家统计局农村贫困监测调查。

表2-4-2 2012-2014年贫困地区农村居民收入增长情况

年　份	农村居民人均纯收入（元）	农村常住居民人均可支配收入（元）	收入名义增速（%）	收入实际增速（%）
2012年	4732	--	--	--
2013年	5519	6079	16.6	13.4
2014年	6221	6852	12.7	10.7

数据来源：国家统计局农村贫困监测调查。
注：2012年国家统计局实施了城乡住户调查一体化改革，贫困地区开始使用农村常住居民人均可支配收入。2013-2014年老口径人均纯收入根据新口径人均可支配收入和增速推算得出。

表2-4-3 2012-2014年贫困地区农村居民消费增长情况

年　份	农村居民人均生活消费支出（元）	农村常住居民人均消费支出（元）	名义增速（%）	实际增速（%）
2012年	4058	--	--	--
2013年	4665	5404	14.9	11.8
2014年	5185	6007	11.2	9.2

数据来源：国家统计局农村贫困监测调查。
注：2012年国家统计局实施了城乡住户调查一体化改革，贫困地区开始使用农村居民人均消费支出。2013-2014年老口径人均生活消费支出根据新口径人均消费支出和增速推算得出。

表 2-4-4　2012-2014 年贫困地区分地区农村贫困人口

单位：万人

地　区	2012 年	2013 年	2014 年
合　计	6039	5070	4317
河　北	354	304	265
山　西	157	126	107
内蒙古	134	110	95
吉　林	16	15	14
黑龙江	104	89	82
安　徽	333	301	252
江　西	255	215	176
河　南	444	370	328
湖　北	286	216	180
湖　南	501	423	343
广　西	249	196	164
海　南	10	9	12
重　庆	103	97	83
四　川	399	331	273
贵　州	756	654	545
云　南	744	607	536
西　藏	85	72	61
陕　西	312	271	227
甘　肃	540	451	381
青　海	82	63	52
宁　夏	36	33	30
新　疆	138	117	111

数据来源：国家统计局农村贫困监测调查。

表 2-4-5　2012-2014 年贫困地区分地区农村贫困发生率

单位：%

地区	2012 年	2013 年	2014 年
合计	23.2	19.3	16.6
河北	23.8	20.4	19.0
山西	27.3	21.7	18.9
内蒙古	19.7	16.1	13.4
吉林	14.6	13.6	12.9
黑龙江	20.4	17.3	15.5
安徽	18.7	15.6	12.9
江西	22.0	18.1	14.9
河南	15.9	13.3	11.3
湖北	23.5	17.7	14.9
湖南	24.8	20.8	18.3
广西	24.4	19.1	15.7
海南	12.2	12.5	15.9
重庆	12.3	10.3	9.7
四川	22.5	19.7	16.3
贵州	27.2	23.6	19.0
云南	26.7	21.9	20.3
西藏	35.2	28.8	23.7
陕西	22.1	19.4	17.2
甘肃	32.8	27.5	23.4
青海	21.6	16.4	13.4
宁夏	17.4	16.1	14.4
新疆	24.5	20.0	18.7

数据来源：国家统计局农村贫困监测调查。

表 2-4-6　2013-2014 年贫困地区分地区农村常住居民人均可支配收入

单位：元

地　区	2013 年	2014 年
合　计	6079	6852
河　北	6150	6886
山　西	4875	5430
内蒙古	6545	7375
吉　林	5798	6414
黑龙江	5896	6450
安　徽	7119	8062
江　西	6053	6830
河　南	7070	7983
湖　北	6971	7831
湖　南	5715	6461
广　西	6252	7044
海　南	7145	7449
重　庆	7131	8044
四　川	6282	7091
贵　州	5557	6381
云　南	5616	6314
西　藏	6553	7359
陕　西	6162	6963
甘　肃	4487	5106
青　海	6462	7283
宁　夏	5840	6555
新　疆	5986	6635

数据来源：国家统计局农村贫困监测调查。

注：2012 年国家统计局实施了城乡住户调查一体化改革，贫困地区开始使用农村常住居民人均可支配收入。

表 2-4-7　2013-2014 年贫困地区农村分地区农村常住居民人均消费支出

单位：元

地区	2013 年	2014 年
合计	5404	6007
河北	5767	6210
山西	4630	5080
内蒙古	6467	7232
吉林	5344	5948
黑龙江	5005	5612
安徽	6375	7159
江西	5443	6035
河南	5296	5845
湖北	6507	7249
湖南	5633	6355
广西	5764	6517
海南	6319	6626
重庆	6442	7345
四川	5527	6100
贵州	5327	5897
云南	4413	4958
西藏	4102	4822
陕西	5840	6406
甘肃	4313	4912
青海	7506	8235
宁夏	5616	6132
新疆	4925	5203

数据来源：国家统计局农村贫困监测调查。

注：2012 年国家统计局实施了城乡住户调查一体化改革，贫困地区开始使用农村居民人均消费支出。

表 2-4-8　2012-2014 年贫困地区农户生产生活条件

指标名称	单位	2012 年	2013 年	2014 年
一、农户生产生活条件				
1. 居住竹草土坯房的农户比重	%	7.8	7.0	6.6
2. 使用照明电的农户比重	%	--	99.3	99.5
3. 使用管道供水的农户比重	%	56.4	53.6	55.9
4. 使用经过净化处理自来水的农户比重	%	33.1	30.6	33.1
5. 饮水无困难的农户比重	%	--	81.0	82.3
6. 独用厕所的农户比重	%	91.0	92.7	93.1
7. 炊用柴草的农户比重	%	61.1	58.6	57.8
二、农户耐用消费品拥有情况				
1. 百户汽车拥有量	辆	2.7	5.5	6.7
2. 百户洗衣机拥有量	台	52.3	65.8	71.1
3. 百户电冰箱拥有量	台	47.5	52.6	60.9
4. 百户移动电话拥有量	部	158.3	172.9	194.8
5. 百户计算机拥有量	台	5.4	7.9	11.1

数据来源：国家统计局农村贫困监测调查。

表 2-4-9　2012-2014 年贫困地区乡村基础设施

单位 :%

指标名称	2012 年	2013 年	2014 年
一、自然村情况			
1. 通电的自然村比重	98.5	99.2	99.5
2. 通电话的自然村比重	93.3	93.3	95.2
3. 通有线电视信号的自然村比重	69.0	70.7	75.0
4. 通宽带的自然村比重	38.3	41.5	48.0
5. 主干道路面经过硬化处理的自然村比重	--	59.9	64.7
6. 通客运班车的自然村比重	--	38.8	42.7
7. 饮用水经过集中净化处理的自然村比重	--	27.7	34.4
二、行政村情况			
1. 有文化活动室的村比重	74.5	75.6	81.5
2. 有卫生站（室）的村比重	86.8	92.6	94.1
3. 拥有合法行医证医生 / 卫生员的村比重	83.4	88.9	90.9
4. 有幼儿园或学前班的村比重	43.2	50.4	54.7
5. 有小学且就学便利的村比重	58.1	60.4	61.4
6. 拥有畜禽集中饲养区的村比重	16.0	23.9	26.7
三、乡镇情况			
1. 有综合文化站的乡镇比重	87.0	94.8	97.2
2. 有政府办卫生院的乡镇比重	92.1	97.1	98.2
3. 有全科医生的乡镇比重	69.0	77.8	83.2

数据来源：国家统计局农村贫困监测调查。

表 2-4-10　2012-2014 年扶贫资金投向变化情况

单位：%

指标名称	2012 年	2013 年	2014 年
1. 农业占扶贫投资的比重	8.9	10.0	9.2
2. 林业占扶贫投资的比重	6.4	5.7	4.9
3. 畜牧业占扶贫投资的比重	5.5	6.4	5.3
4. 农产品加工业占扶贫投资的比重	2.5	2.6	1.6
5. 农村饮水安全工程占扶贫投资的比重	2.7	2.7	2.7
6. 小型农田水利及农村水电占扶贫投资的比重	3.3	4.0	4.1
7. 病险水库除险加固占扶贫投资的比重	2.2	1.4	0.9
8. 村通公路（通畅、通达工程等）占扶贫投资的比重	9.4	11.0	12.8
9. 农网完善及无电地区电力设施建设占扶贫投资的比重	3.6	2.5	3.0
10. 村村通电话、互联网覆盖等农村信息化建设占扶贫投资的比重	1.2	1.1	0.9
11. 农村沼气等清洁能源建设占扶贫投资的比重	0.9	0.6	0.4
12. 农村危房改造占扶贫投资的比重	9.3	9.0	7.7
13. 乡卫生院、村卫生站（室）建设及设施占扶贫投资的比重	1.3	1.4	1.2
14. 卫生技术人员培训占扶贫投资的比重	0.1	0.1	0.1
15. 劳动力职业技能培训占扶贫投资的比重	0.8	1.1	0.8
16. 易地扶贫搬迁占扶贫投资的比重	4.6	4.8	5.5
17. 农村中小学建设占扶贫投资的比重	10.6	11.6	11.3
18. 农村中小学营养餐计划占扶贫投资的比重	7.6	5.9	5.2
19. 其他占扶贫投资的比重	19.0	18.3	22.5

数据来源：国家统计局农村贫困监测调查。

三、连片特困地区

（一）2011-2013年连片特困地区综合资料

表3-1-1　连片特困地区经济社会发展情况

指标名称	单位	2011年	2012年	2013年
一、连片特困地区基本情况				
行政区域面积	万平方公里	378.2	378.7	383.7
乡个数	个	5991	5996	5845
镇个数	个	4218	4279	4460
村民委员会个数	个	137508	137091	--
常住户数	万户	--	--	6869
二、财政金融资料				
地区生产总值	亿元	26763	31212	35300
#第一产业增加值	亿元	6757	7696	8403
第二产业增加值	亿元	11099	13142	14841
第三产业增加值	亿元	8908	10374	12056
公共财政收入	亿元	1399	1782	2302
公共财政支出	亿元	8312	10454	11769
年末金融机构各项存款余额	亿元	28240	34923	40256
#居民储蓄存款余额	亿元	17618	21751	25684
年末金融机构各项贷款余额	亿元	12966	16288	20446

数据来源：国家统计局县（市）社会经济基本情况统计

表 3-1-2 连片特困地区居民生产生活情况

指标名称	单位	2011 年	2012 年	2013 年
一、农业生产情况				
农业机械总动力	万千瓦特	14650	15853	16758
粮食总产量	万吨	7788	8744	9898
油料产量	万吨	609	634	669
棉花产量	万吨	66	65	59
肉类总产量	万吨	1652	1834	1850
二、工业生产情况				
规模以上工业企业单位数	个	14126	16199	18329
规模以上工业总产值	亿元	20879	25053	29817
全社会用电量	亿千瓦时	2600	2896	3230
#居民生活用电量	亿千瓦时	409	506	580
三、生产生活条件				
固定电话用户	万台	1969	1835	1682
移动电话用户	万部	8655	9886	11450
互联网宽带接入用户	万户	726	909	1202
社会消费品零售总额	亿元	7896	9393	10714

数据来源：国家统计局县（市）社会经济基本情况统计。

表 3-1-3　连片特困地区文化教育、医疗保健、绿化环保情况

指标名称	单位	2011 年	2012 年	2013 年
一、文化教育情况				
普通中学在校学生数	万人	1325	1264	1189
小学在校学生数	万人	2022	2053	1796
体育场馆个数	个	623	634	756
剧场、影剧院个数	个	589	609	624
二、医疗保健				
医疗卫生机构床位数	万床	53.0	61.3	68.9
医疗卫生机构技术人员	万人	49.2	54.0	61.7
#执业医师	万人	21.5	23.2	24.6
各种社会福利收养性单位数	个	7357	7402	7520
各种社会福利收养性单位床位数	万床	44.2	46.4	50.7
新型农村合作医疗参保人数	万人	18619	18779	19075
新型农村社会养老保险参保人数	万人	6570	9378	10292
三、环保绿化				
森林面积	万公顷	7601	7646	8567
污水处理厂数	座	469	559	713
垃圾处理站数	个	755	866	929

数据来源：国家统计局县（市）社会经济基本情况统计。

（二）2014年连片特困地区统计资料

表 3-2-1　2014年连片特困地区农村贫困人口变动情况

片区名称	贫困人口			贫困发生率	
	数量（万人）	下降（万人）	下降幅度（%）	水平（%）	下降（百分点）
全部片区	3518	623	15.0	17.1	2.9
1. 六盘山区	349	90	20.5	19.2	4.9
2. 秦巴山区	444	115	20.6	16.4	3.1
3. 武陵山区	475	68	12.5	16.9	1.1
4. 乌蒙山区	442	65	12.8	21.5	3.7
5. 滇黔桂石漠化区	488	86	15.0	18.5	3.4
6. 滇西边境山区	240	34	12.4	19.1	1.4
7. 大兴安岭南麓山区	74	11	12.9	14.0	2.6
8. 燕山－太行山区	150	15	9.1	16.8	1.1
9. 吕梁山区	67	9	11.8	19.5	2.2
10. 大别山区	392	85	17.8	12.0	3.2
11. 罗霄山区	134	15	10.1	14.3	1.3
12. 西藏区	61	11	15.3	23.7	5.1
13. 四省藏区	103	14	12.0	24.2	3.4
14. 南疆三地州	99	5	4.8	18.8	1.2

数据来源：国家统计局农村贫困监测调查。

表 3-2-2　2014 年连片特困地区农村常住居民收入增长情况

片区名称	人均可支配收入（元）	名义增速（%）
全部片区	6724	12.9
1. 六盘山区	5616	13.9
2. 秦巴山区	7055	13.4
3. 武陵山区	6743	10.8
4. 乌蒙山区	6114	16.7
5. 滇黔桂石漠化区	6640	12.4
6. 滇西边境山区	6471	12.1
7. 大兴安岭南麓山区	6801	8.9
8. 燕山－太行山区	6260	10.2
9. 吕梁山区	5589	6.3
10. 大别山区	8241	14.4
11. 罗霄山区	6776	13.2
12. 西藏区	7359	12.3
13. 四省藏区	5726	15.4
14. 南疆三地州	6403	12.5

数据来源：国家统计局农村贫困监测调查。

注：2012 年国家统计局实施了城乡住户调查一体化改革，连片特困地区开始使用农村常住居民人均可支配收入。

表 3-2-3　2014 年连片特困地区农村常住居民消费增长情况

片区名称	人均消费支出（元）	增长（%）
全部片区	5898	10.7
1. 六盘山区	5362	14.6
2. 秦巴山区	6229	8.5
3. 武陵山区	6353	11.4
4. 乌蒙山区	5298	12.3
5. 滇黔桂石漠化区	5788	11.6
6. 滇西边境山区	5131	12.8
7. 大兴安岭南麓山区	5958	14.8
8. 燕山－太行山区	6181	4.9
9. 吕梁山区	5315	-4.0
10. 大别山区	6799	11.3
11. 罗霄山区	6140	11.4
12. 西藏区	4822	17.6
13. 四省藏区	5010	6.8
14. 南疆三地州	5033	4.8

数据来源：国家统计局农村贫困监测调查。

注：2012 年国家统计局实施了城乡住户调查一体化改革，连片特困地区开始使用农村常住居民人均消费支出。

表 3-2-4　2014 年连片特困地区农村常住居民收入消费结构

指标名称	水平（元）	构成（%）	名义增速（%）
一、人均可支配收入	6724	100.0	12.9
1. 工资性收入	2188	32.5	16.1
2. 经营净收入	3019	44.9	10.0
第一产业经营净收入	2439	36.3	9.7
3. 财产净收入	70	1.0	29.0
4. 转移净收入	1446	21.5	13.7
二、人均消费支出	5898	100.0	10.7
1. 食品	2205	37.4	6.5
2. 衣着	358	6.1	11.9
3. 居住	1219	20.7	8.2
4. 家庭设备及用品	374	6.3	13.4
5. 交通通信	595	10.1	18.1
6. 文教娱乐	575	9.7	17.8
7. 医疗保健	477	8.1	16.9
8. 其他	96	1.6	16.8

数据来源：国家统计局农村贫困监测调查。

表 3-2-5　2014 年连片特困地区农户住房及家庭设施状况

片区名称	1. 居住竹草土坯房的农户比重(%)	2. 使用照明电的农户比重(%)	3. 使用管道供水的农户比重(%)
全部片区	7.0	99.5	55.9
1. 六盘山区	11.7	99.7	62.9
2. 秦巴山区	12.2	99.8	51.2
3. 武陵山区	3.0	99.8	54.8
4. 乌蒙山区	7.5	99.9	63.3
5. 滇黔桂石漠化区	1.8	99.8	74.5
6. 滇西边境山区	5.7	99.6	73.1
7. 大兴安岭南麓山区	17.9	99.9	39.7
8. 燕山 - 太行山区	13.6	99.9	50.5
9. 吕梁山区	3.5	99.9	56.3
10. 大别山区	1.5	99.5	30.1
11. 罗霄山区	5.1	99.9	48.9
12. 西藏区	3.4	93.8	50.0
13. 四省藏区	9.5	89.7	60.5
14. 南疆三地州	21.4	99.8	87.6

数据来源：国家统计局农村贫困监测调查。

表 3-2-5　2014 年连片特困地区农户住房及家庭设施状况（续）

片区名称	4. 使用经过净化处理自来水的农户比重 (%)	5. 饮水无困难的农户比重 (%)	6. 独用厕所的农户比重 (%)	7. 炊用柴草的农户比重 (%)
全部片区	31.7	80.9	92.5	58.8
1. 六盘山区	52.9	79.4	98.9	41.3
2. 秦巴山区	26.9	78.3	97.5	69.8
3. 武陵山区	29.0	80.0	97.0	63.6
4. 乌蒙山区	25.7	68.3	88.4	32.5
5. 滇黔桂石漠化区	36.9	78.6	92.7	52.9
6. 滇西边境山区	27.8	75.3	71.0	66.2
7. 大兴安岭南麓山区	30.6	91.1	98.9	96.8
8. 燕山 - 太行山区	25.1	84.9	98.1	47.3
9. 吕梁山区	20.1	78.1	88.7	25.6
10. 大别山区	26.1	94.3	93.7	69.7
11. 罗霄山区	25.5	87.1	86.3	57.6
12. 西藏区	21.3	64.8	69.4	68.2
13. 四省藏区	20.8	76.9	78.4	50.6
14. 南疆三地州	86.2	91.2	96.9	63.8

数据来源：国家统计局农村贫困监测调查。

表 3-2-6 2014 年连片特困地区农村每百户耐用消费品拥有量

片区名称	1. 汽车（辆）	2. 洗衣机（台）	3. 电冰箱（台）	4. 移动电话（部）	5. 计算机（台）
全部片区	6.2	70.1	58.5	196.0	9.8
1. 六盘山区	8.6	85.2	48.8	219.4	10.5
2. 秦巴山区	3.8	77.3	56.2	191.6	10.1
3. 武陵山区	4.6	68.4	65.9	205.0	12.1
4. 乌蒙山区	4.3	72.7	27.8	174.1	4.9
5. 滇黔桂石漠化区	8.8	71.2	68.9	229.3	11.7
6. 滇西边境山区	9.3	55.0	49.2	230.6	5.9
7. 大兴安岭南麓山区	8.2	82.2	68.7	166.6	9.0
8. 燕山-太行山区	6.9	71.4	59.8	155.2	11.4
9. 吕梁山区	5.2	76.7	41.2	171.9	13.3
10. 大别山区	5.0	71.0	73.6	183.0	11.3
11. 罗霄山区	6.2	33.4	71.2	216.4	13.5
12. 西藏区	17.1	33.5	37.9	146.2	0.2
13. 四省藏区	12.0	68.1	55.1	174.0	3.8
14. 南疆三地州	6.2	70.3	56.6	112.0	1.9

数据来源：国家统计局农村贫困监测调查。

表 3-2-7　2014 年连片特困地区基础设施状况

片区名称	1. 通电的自然村比重(%)	2. 通电话的自然村比重(%)	3. 通有线电视信号的自然村比重(%)	4. 通宽带的自然村比重(%)
全部片区	99.5	95.1	72.6	44.4
1. 六盘山区	99.3	97.7	94.0	43.8
2. 秦巴山区	99.6	95.7	80.3	46.4
3. 武陵山区	99.9	94.9	66.8	43.8
4. 乌蒙山区	98.7	90.5	54.3	21.1
5. 滇黔桂石漠化区	99.8	91.2	48.9	27.8
6. 滇西边境山区	99.4	96.2	68.4	30.9
7. 大兴安岭南麓山区	99.3	94.4	94.0	68.8
8. 燕山－太行山区	99.7	96.1	79.7	61.1
9. 吕梁山区	98.8	94.4	84.2	51.3
10. 大别山区	99.9	98.6	89.4	65.9
11. 罗霄山区	99.9	97.4	81.9	63.7
12. 西藏区	87.8	86.7	75.8	7.2
13. 四省藏区	90.7	90.9	58.5	19.0
14. 南疆三地州	95.4	95.4	70.0	50.1

数据来源：国家统计局农村贫困监测调查。

表 3-2-7　2014 年连片特困地区基础设施状况（续）

片区名称	5. 主干道路面经过硬化处理的自然村比重 (%)	6. 通客运班车的自然村比重 (%)	7. 饮用水经过集中净化处理的自然村比重 (%)	8. 拥有畜禽集中饲养区的行政村比重 (%)
全部片区	62.8	42.0	34.5	26.7
1. 六盘山区	64.9	70.0	58.0	30.4
2. 秦巴山区	62.2	39.0	30.9	29.4
3. 武陵山区	61.3	44.0	29.1	26.8
4. 乌蒙山区	47.8	40.5	27.6	21.9
5. 滇黔桂石漠化区	55.8	35.7	31.8	25.8
6. 滇西边境山区	49.8	33.5	40.0	19.6
7. 大兴安岭南麓山区	78.8	66.8	24.7	24.7
8. 燕山 - 太行山区	72.5	60.6	25.0	36.0
9. 吕梁山区	83.9	64.4	33.4	17.1
10. 大别山区	75.6	34.7	38.5	30.5
11. 罗霄山区	70.5	46.5	25.9	34.4
12. 西藏区	51.6	28.9	11.5	4.7
13. 四省藏区	55.4	38.7	23.1	26.1
14. 南疆三地州	87.8	86.8	87.3	2.8

数据来源：国家统计局农村贫困监测调查。

表 3-2-8　2014 年连片特困地区文化教育卫生情况

片区名称	1. 有文化活动室的行政村比重（%）	2. 有卫生站（室）的行政村比重（%）	3. 拥有合法行医证医生／卫生员的行政村比重（%）	4. 有幼儿园或学前班的行政村比重（%）	5. 有小学且就学便利的行政村比重（%）
全部片区	82.4	93.4	90.3	55.4	63.7
1. 六盘山区	83.6	94.1	90.3	49.7	72.1
2. 秦巴山区	83.7	94.0	90.0	51.3	53.1
3. 武陵山区	85.6	89.8	87.3	43.3	49.2
4. 乌蒙山区	75.2	90.5	86.0	54.6	71.1
5. 滇黔桂石漠化区	77.9	96.2	87.5	62.7	74.9
6. 滇西边境山区	87.1	97.2	95.7	60.9	77.6
7. 大兴安岭南麓山区	81.2	86.1	95.9	35.9	35.9
8. 燕山－太行山区	74.5	97.0	96.6	58.5	45.2
9. 吕梁山区	62.7	92.3	77.1	37.7	39.5
10. 大别山区	84.9	99.0	99.2	68.1	77.4
11. 罗霄山区	88.4	96.3	94.8	71.0	77.3
12. 西藏区	97.6	64.6	68.8	30.0	21.0
13. 四省藏区	86.2	74.2	76.5	26.0	29.7
14. 南疆三地州	87.2	78.5	63.9	74.9	78.1

数据来源：国家统计局农村贫困监测调查。

（三）2011-2014 年连片特困地区统计资料

表 3-3-1　2011-2014 年连片特困地区农村贫困人口

单位：万人

片区名称	2011 年	2012 年	2013 年	2014 年
全部片区	6035	5067	4141	3518
1. 六盘山区	642	532	439	349
2. 秦巴山区	815	684	559	444
3. 武陵山区	793	671	543	475
4. 乌蒙山区	765	664	507	442
5. 滇黔桂石漠化区	816	685	574	488
6. 滇西边境山区	424	335	274	240
7. 大兴安岭南麓山区	129	108	85	74
8. 燕山 - 太行山区	223	192	165	150
9. 吕梁山区	104	87	76	67
10. 大别山区	647	566	477	392
11. 罗霄山区	206	175	149	134
12. 西藏区	106	85	72	61
13. 四省藏区	206	161	117	103
14. 南疆三地州	159	122	104	99

数据来源：国家统计局农村贫困监测调查。

表 3-3-2　2011-2014 年连片特困地区农村贫困发生率

单位：%

片区名称	2011 年	2012 年	2013 年	2014 年
全部片区	29.0	24.4	20.0	17.1
1. 六盘山区	35.0	28.9	24.1	19.2
2. 秦巴山区	27.6	23.1	19.5	16.4
3. 武陵山区	26.3	22.3	18.0	16.9
4. 乌蒙山区	38.2	33.0	25.2	21.5
5. 滇黔桂石漠化区	31.5	26.3	21.9	18.5
6. 滇西边境山区	31.6	24.8	20.5	19.1
7. 大兴安岭南麓山区	24.1	21.1	16.6	14.0
8. 燕山 - 太行山区	24.3	20.9	17.9	16.8
9. 吕梁山区	30.5	24.9	21.7	19.5
10. 大别山区	20.7	18.2	15.2	12.0
11. 罗霄山区	22.0	18.8	15.6	14.3
12. 西藏区	43.9	35.2	28.8	23.7
13. 四省藏区	42.8	38.6	27.6	24.2
14. 南疆三地州	38.7	33.6	20.0	18.8

数据来源：国家统计局农村贫困监测调查。

表 3-3-3　2012-2014 年连片特困地区农村常住居民人均可支配收入

片区名称	水平（元）		名义增速（%）		
	2013 年	2014 年	2012 年	2013 年	2014 年
全部片区	5956	6724	15.1	15.4	12.9
1. 六盘山区	4930	5616	16.6	11.8	13.9
2. 秦巴山区	6219	7055	15.7	15.9	13.4
3. 武陵山区	6084	6743	14.0	21.0	10.8
4. 乌蒙山区	5238	6114	9.5	13.5	16.7
5. 滇黔桂石漠化区	5907	6640	17.3	15.3	12.4
6. 滇西边境山区	5775	6471	25.8	18.4	12.1
7. 大兴安岭南麓山区	6244	6801	17.1	15.1	8.9
8. 燕山－太行山区	5680	6260	11.3	14.2	10.2
9. 吕梁山区	5259	5589	19.0	14.5	6.3
10. 大别山区	7201	8241	16.6	14.9	14.4
11. 罗霄山区	5987	6776	12.2	12.2	13.2
12. 西藏区	6553	7359	16.6	15.0	12.3
13. 四省藏区	4962	5726	18.9	12.9	15.4
14. 南疆三地州	5692	6403	21.4	14.5	12.5

数据来源：国家统计局农村贫困监测调查。

注：2012 年国家统计局实施了城乡住户调查一体化改革，连片特困地区开始使用农村常住居民人均可支配收入。

表 3-3-4　2012-2014 年连片特困地区农村常住居民人均消费支出

片区名称	人均消费支出绝对值（元）		名义增速（%）		
	2013 年	2014 年	2012 年	2013 年	2014 年
全部片区	5327	5898	11.3	14.2	10.7
1. 六盘山区	4677	5362	15.2	8.7	14.6
2. 秦巴山区	5739	6229	12.5	12.4	8.5
3. 武陵山区	5701	6353	11.8	14.6	11.4
4. 乌蒙山区	4718	5298	9.1	17.6	12.3
5. 滇黔桂石漠化区	5186	5788	11.1	20.8	11.6
6. 滇西边境山区	4547	5131	16.2	15.5	12.8
7. 大兴安岭南麓山区	5191	5958	12.5	7.7	14.8
8. 燕山－太行山区	5895	6181	11.2	9.0	4.9
9. 吕梁山区	5537	5315	16.8	30.6	-4.0
10. 大别山区	6107	6799	12.4	14.9	11.3
11. 罗霄山区	5510	6140	10.0	14.5	11.4
12. 西藏区	4102	4822	8.2	20.4	17.6
13. 四省藏区	4691	5010	19.2	12.5	6.8
14. 南疆三地州	4803	5033	16.0	18.7	4.8

数据来源：国家统计局农村贫困监测调查。

注：2012 年国家统计局实施了城乡住户调查一体化改革，2013 年起连片特困地区开始使用农村居民人均消费支出。2013-2014 年老口径人均生活消费支出根据新口径人均消费支出和增速推算得出。

表 3-3-5　2012-2014 年连片特困地区农户生产生活条件

指标名称	单位	2012 年	2013 年	2014 年
一、农户生产生活条件				
1. 居住竹草土坯房的农户比重	%	8.1	7.5	7.0
2. 使用照明电的农户比重	%	98.8	99.3	99.5
3. 使用管道供水的农户比重	%	--	53.6	55.9
4. 使用经过净化处理自来水的农户比重	%	--	29.3	31.7
5. 饮水无困难的农户比重	%	--	80.0	80.9
6. 独用厕所的农户比重	%	89.9	92.0	92.5
7. 炊用柴草的农户比重	%	62.6	59.6	58.8
二、农户耐用消费品拥有情况				
1. 百户汽车拥有量	辆	2.7	5.3	6.2
2. 百户洗衣机拥有量	台	51.4	65.1	70.1
3. 百户电冰箱拥有量	台	46.1	52.3	58.5
4. 百户移动电话拥有量	部	162.8	175.3	196.0
5. 百户计算机拥有量	台	4.5	7.7	9.8

数据来源：国家统计局农村贫困监测调查。

表 3-3-6　2012-2014 年连片特困地区农村基础设施

单位：%

指标名称	2012 年	2013 年	2014 年
一、自然村情况			
1. 通电的自然村比重	98.4	99.2	99.5
2. 通电话的自然村比重	--	93.0	95.1
3. 通有线电视信号的自然村比重	66.4	68.1	72.6
4. 通宽带的自然村比重	36.4	41.4	44.4
5. 主干道路面经过硬化处理的自然村比重	--	57.9	62.8
6. 通客运班车的自然村比重	--	37.6	42.0
7. 饮用水经过集中净化处理的自然村比重	26.5	27.4	34.5
二、行政村情况			
1. 有文化活动室的村比重	74.7	76.6	82.4
2. 有卫生站（室）的村比重	86.7	92.0	93.4
3. 拥有合法行医证医生 / 卫生员的村比重	82.9	88.2	90.3
4. 有幼儿园或学前班的村比重	42.9	50.3	55.4
5. 有小学且就学便利的村比重	60.4	62.6	63.7
6. 拥有畜禽集中饲养区的村比重	15.0	23.7	26.7

数据来源：国家统计局农村贫困监测调查。

四、扶贫重点县统计资料

（一）扶贫重点县综合统计资料

表 4-1-1　扶贫重点县经济社会发展情况

指标名称	单位	2011 年	2012 年	2013 年
一、贫困地区基本情况				
行政区域面积	万平方公里	250	250	249
乡个数	个	4964	4976	4869
镇个数	个	4165	4226	4410
村民委员会个数	个	138180	137874	--
常住户数	万户	--	--	6502
二、财政金融资料				
地区生产总值	亿元	28599	33095	37097
#第一产业增加值	亿元	7080	8036	8743
第二产业增加值	亿元	12550	14692	16410
第三产业增加值	亿元	8969	10366	11944
公共财政收入	亿元	1448	1847	2296
公共财政支出	亿元	8240	10282	11486
年末金融机构各项存款余额	亿元	28510	34704	39979
#居民储蓄存款余额	亿元	18400	22685	26452
年末金融机构各项贷款余额	亿元	12778	16001	19883

数据来源：国家统计局县（市）社会经济基本情况统计。

表 4-1-2　扶贫重点县居民生产生活情况

指标名称	单位	2011 年	2012 年	2013 年
一、农业生产情况				
农业机械总动力	万千瓦特	16515	17733	18391
粮食总产量	万吨	8404	9656	11338
油料产量	万吨	630	653	703
棉花产量	万吨	73	69	63
肉类总产量	万吨	1626	1769	1779
二、工业生产情况				
规模以上工业企业单位数	个	15641	17437	19742
规模以上工业总产值	亿元	25501	30289	35528
全社会用电量	亿千瓦时	2574	2872	3257
#居民生活用电量	亿千瓦时	415	523	602
三、生产生活条件		0	0	0
固定电话用户	万台	2041	1886	1725
移动电话用户	万部	8823	10075	11586
互联网宽带接入用户	万户	754	951	1222
社会消费品零售总额	亿元	8399	9817	11176

数据来源：国家统计局县（市）社会经济基本情况统计。

表 4-1-3　扶贫重点县文化教育、医疗保健、绿化环保情况

指标名称	单位	2011 年	2012 年	2013 年
一、文化教育情况				
普通中学在校学生数	万人	1344	1268	1182
小学在校学生数	万人	2028	2060	1787
体育场馆个数	个	640	651	717
剧场、影剧院个数	个	523	528	550
二、医疗保健				
医疗卫生机构床位数	万床	51.9	59.8	66.8
医疗卫生机构技术人员	万人	49.0	54.3	61.6
#执业医师	万人	21.6	23.3	25.1
各种社会福利收养性单位数	个	7536	7666	7557
各种社会福利收养性单位床位数	万床	48.1	50.0	57.9
新型农村合作医疗参保人数	万人	18676	18987	19142
新型农村社会养老保险参保人数	万人	6883	9596	10336
三、环保绿化				
森林面积	万公顷	6635	6854	7540
污水处理厂数	座	503	577	669
垃圾处理站数	个	736	903	884

数据来源：国家统计局县（市）社会经济基本情况统计。

（二）2014年扶贫重点县贫困状况

表 4-2-1　2014 年扶贫重点县农村贫困人口变动情况

地 区	农村贫困人口			农村贫困发生率	
	数量（万人）	下降（万人）	下降幅度（%）	水平（%）	下降（百分点）
合 计	3649	630	14.7	17.5	2.7
河 北	235	39	14.3	19.8	1.9
山 西	104	19	15.4	18.8	3.0
内蒙古	95	15	13.7	13.4	2.6
吉 林	14	1	7.6	12.9	0.7
黑龙江	73	-3	-5.0	21.7	-0.9
安 徽	248	48	16.3	13.0	2.8
江 西	159	42	21.0	15.5	3.9
河 南	264	60	18.6	12.1	3.0
湖 北	169	34	16.9	14.8	2.9
湖 南	208	24	10.3	22.4	0.2
广 西	143	40	21.8	15.8	4.9
海 南	12	-3	-32.0	15.9	-3.4
重 庆	83	14	14.4	9.7	0.7
四 川	236	39	14.1	17.0	2.9
贵 州	440	95	17.8	20.1	5.1
云 南	469	74	13.6	22.8	2.1
陕 西	188	43	18.6	17.1	2.5
甘 肃	346	49	12.4	26.3	3.6
青 海	36	10	21.1	16.8	4.5
宁 夏	30	3	8.9	14.4	1.8
新 疆	97	-13	-15.1	19.5	-2.4

数据来源：国家统计局农村贫困监测调查。

表 4-2-2 2014 年扶贫重点县农村常住居民收入增长情况

地区	人均可支配收入（元）	名义增速（%）
合计	6717	13.0
河北	6921	14.5
山西	5661	12.0
内蒙古	7375	12.7
吉林	6414	10.6
黑龙江	5327	10.1
安徽	8064	13.2
江西	6794	12.4
河南	7839	12.9
湖北	7705	11.5
湖南	6141	14.7
广西	6546	13.4
海南	7449	4.3
重庆	8044	12.8
四川	6991	13.9
贵州	6157	15.7
云南	5979	11.5
陕西	6816	13.1
甘肃	4810	13.3
青海	5948	7.3
宁夏	6555	12.2
新疆	6530	10.6

数据来源：国家统计局农村贫困监测调查。

注：2012 年国家统计局实施了城乡住户调查一体化改革，扶贫重点县开始使用农村常住居民人均可支配收入。

表 4-2-3　2014 年扶贫重点县农村常住居民消费支出增长情况

地　区	人均消费支出（元）	名义增速（%）
合　计	5962	10.9
河　北	6260	9.8
山　西	5149	9.5
内蒙古	7232	11.8
吉　林	5948	11.3
黑龙江	4668	3.7
安　徽	7158	12.4
江　西	6018	10.6
河　南	5792	9.5
湖　北	7216	11.0
湖　南	6056	19.2
广　西	6262	10.6
海　南	6626	4.9
重　庆	7345	14.0
四　川	5997	12.9
贵　州	5754	6.4
云　南	4853	12.2
陕　西	6467	9.4
甘　肃	4749	14.4
青　海	6671	17.3
宁　夏	6132	9.2
新　疆	5120	4.5

数据来源：国家统计局农村贫困监测调查。

注：2012 年国家统计局实施了城乡住户调查一体化改革，扶贫重点县开始使用农村常住居民人均消费支出。

表 4-2-4　2014 年扶贫重点县农村常住居民收入消费结构

指　标	水平（元）	构成（%）	增长（%）
一、人均可支配收入	6717	100.0	13.0
1. 工资性收入	2175	32.4	16.9
2. 经营净收入	2944	43.8	8.6
3. 财产净收入	81	1.2	30.4
4. 转移净收入	1517	22.6	15.7
二、人均消费支出	5962	100.0	10.9
1. 食品烟酒	2201	36.9	6.5
2. 衣着	365	6.1	11.3
3. 居住	1226	20.6	7.6
4. 生活用品及服务	379	6.4	15.7
5. 交通通信	605	10.2	19.5
6. 教育文化娱乐	583	9.8	15.5
7. 医疗保健	510	8.6	20.4
8. 其他商品和服务	93	1.6	14.3

数据来源：国家统计局农村贫困监测调查。

表 4-2-5　2014 年扶贫重点县农户住房及家庭设施状况

地　区	1. 居住竹草土坯房的农户比重 (%)	2. 使用照明电的农户比重 (%)	3. 使用管道供水的农户比重 (%)
合　计	7.0	99.5	55.5
河　北	5.2	99.8	67.0
山　西	10.6	99.9	68.2
内蒙古	21.1	99.9	35.2
吉　林	16.8	99.8	77.4
黑龙江	20.5	100.0	46.0
安　徽	0.5	99.2	34.1
江　西	3.8	99.8	38.8
河　南	2.1	99.9	43.3
湖　北	10.7	99.4	49.7
湖　南	0.9	99.7	46.0
广　西	1.8	99.9	77.4
海　南	0.1	99.8	70.8
重　庆	4.3	99.4	50.6
四　川	11.2	99.0	38.4
贵　州	0.7	99.8	64.4
云　南	7.0	99.6	70.4
陕　西	11.8	99.7	68.3
甘　肃	12.9	99.7	57.0
青　海	5.4	93.5	82.2
宁　夏	18.1	97.2	58.3
新　疆	20.2	99.7	91.4

数据来源：国家统计局农村贫困监测调查。

表 4-2-5　2014 年扶贫重点县农户住房及家庭设施状况（续）

地　区	4. 使用经过净化处理自来水的农户比重(%)	5. 饮水无困难的农户比重(%)	6. 独用厕所的农户比重(%)	7. 炊用柴草的农户比重(%)
合　计	33.4	82.3	93.2	59.4
河　北	45.4	80.6	98.2	49.3
山　西	25.3	74.6	93.9	34.3
内蒙古	29.2	91.6	91.4	77.5
吉　林	61.6	88.8	98.8	83.2
黑龙江	33.5	87.8	99.9	96.7
安　徽	30.1	95.4	96.6	74.9
江　西	23.3	92.2	91.2	61.9
河　南	35.8	89.9	97.9	50.1
湖　北	30.5	84.1	90.7	74.4
湖　南	29.5	84.1	96.4	59.3
广　西	35.7	87.2	96.2	66.7
海　南	48.8	77.4	53.9	78.3
重　庆	28.9	74.5	98.7	62.8
四　川	16.6	71.5	91.6	75.5
贵　州	28.1	72.0	90.7	40.4
云　南	27.2	72.4	79.8	61.2
陕　西	36.1	86.6	95.7	61.0
甘　肃	45.2	76.9	98.2	44.2
青　海	54.5	90.1	94.5	33.7
宁　夏	45.2	88.7	97.8	31.0
新　疆	90.5	90.9	96.8	56.9

数据来源：国家统计局农村贫困监测调查。

表 4-2-6　2014 年扶贫重点县农村每百户耐用消费品拥有量

地 区	1. 汽车（辆）	2. 洗衣机（台）	3. 电冰箱（台）	4. 移动电话（部）	5. 计算机（台）
合 计	6.6	70.6	60.5	193.0	11.4
河 北	9.8	81.1	67.7	169.8	16.9
山 西	4.1	72.6	35.0	137.2	11.2
内蒙古	13.9	81.1	78.4	195.4	14.8
吉 林	8.1	75.2	70.8	148.0	16.4
黑龙江	4.4	84.2	71.2	165.0	8.2
安 徽	6.2	70.8	78.8	179.1	11.2
江 西	7.0	27.9	68.9	215.5	13.2
河 南	6.1	83.2	63.2	186.4	14.4
湖 北	6.0	64.4	69.0	200.6	18.0
湖 南	2.4	58.7	60.3	188.1	9.6
广 西	6.4	60.5	83.5	242.7	15.9
海 南	2.7	25.5	29.8	232.0	2.4
重 庆	4.7	73.8	76.1	187.6	14.0
四 川	3.4	63.2	55.6	170.4	5.2
贵 州	7.7	75.3	55.0	211.1	10.4
云 南	8.1	62.1	38.8	207.4	4.6
陕 西	4.6	80.0	51.7	205.9	13.9
甘 肃	6.2	78.5	41.5	203.2	8.7
青 海	15.3	89.4	80.1	240.7	10.2
宁 夏	12.4	89.8	66.0	282.2	16.8
新 疆	6.4	71.6	59.1	117.8	2.8

数据来源：国家统计局农村贫困监测调查。

表 4-2-7　2014 年扶贫重点县基础设施状况

地　区	1. 通电的自然村比重 (%)	2. 通电话的自然村比重 (%)	3. 通有线电视信号的自然村比重 (%)	4. 通宽带的自然村比重 (%)
合　计	99.5	95.0	74.6	46.9
河　北	99.9	96.6	85.2	69.6
山　西	96.8	95.1	76.5	69.8
内蒙古	99.7	87.5	90.9	49.7
吉　林	99.8	99.9	99.5	84.9
黑龙江	99.3	94.5	99.4	81.0
安　徽	99.9	99.9	90.2	73.7
江　西	99.9	97.8	89.4	58.3
河　南	99.9	99.1	89.7	67.1
湖　北	99.7	93.4	70.3	48.1
湖　南	99.8	94.8	68.6	57.7
广　西	99.8	91.4	41.8	32.2
海　南	99.4	78.9	43.1	22.1
重　庆	99.9	96.5	96.3	39.3
四　川	97.0	94.0	63.3	20.9
贵　州	99.8	85.8	45.8	30.2
云　南	99.3	94.9	63.7	20.1
陕　西	99.6	97.0	92.7	62.5
甘　肃	99.9	98.4	96.1	37.8
青　海	93.9	91.7	85.7	55.6
宁　夏	99.4	94.0	100.0	27.5
新　疆	99.6	97.9	70.0	49.5

数据来源：国家统计局农村贫困监测调查。

表 4-2-7　2014 年扶贫重点县基础设施状况（续）

地 区	5. 主干道路面经过硬化处理的自然村比重 (%)	6. 通客运班车的自然村比重 (%)	7. 饮用水经过集中净化处理的自然村比重 (%)	8. 拥有畜禽集中饲养区的行政村比重 (%)
合 计	63.5	42.0	34.3	27.2
河 北	81.1	66.7	35.9	27.5
山 西	90.8	80.9	40.3	22.5
内蒙古	49.8	63.1	27.8	24.1
吉 林	95.2	70.1	81.7	20.8
黑龙江	70.9	67.4	25.3	15.2
安 徽	76.3	35.7	45.3	41.5
江 西	73.4	41.4	29.0	29.3
河 南	79.9	38.2	27.5	28.4
湖 北	62.9	40.4	25.4	22.5
湖 南	64.2	56.1	31.0	18.1
广 西	51.9	30.3	25.2	21.1
海 南	81.6	32.9	39.8	14.6
重 庆	39.7	28.5	20.6	33.3
四 川	55.7	30.3	26.8	21.5
贵 州	61.6	41.9	27.5	32.7
云 南	45.9	34.4	33.1	22.5
陕 西	73.7	58.8	46.5	31.2
甘 肃	56.8	65.3	52.3	30.0
青 海	91.2	71.2	55.9	19.0
宁 夏	69.0	71.9	68.1	44.9
新 疆	91.5	84.2	85.1	8.8

数据来源：国家统计局农村贫困监测调查。

表 4-2-8 2014 年扶贫重点县文化教育卫生情况

地 区	1. 有文化活动室的行政村比重（%）	2. 有卫生站（室）的行政村比重（%）	3. 拥有合法行医证医生 / 卫生员的行政村比重（%）	4. 有幼儿园或学前班的行政村比重（%）	5. 有小学且就学便利的行政村比重（%）
合 计	80.9	94.5	91.1	54.7	62.2
河 北	73.1	97.2	95.0	65.9	56.7
山 西	75.2	92.9	89.4	42.4	40.7
内蒙古	64.8	89.2	91.1	35.9	23.2
吉 林	90.5	78.6	78.5	32.9	29.8
黑龙江	68.4	93.4	97.7	30.1	32.5
安 徽	86.4	100.0	99.5	62.9	80.2
江 西	79.7	97.4	94.9	60.6	70.9
河 南	82.5	99.5	99.7	77.6	83.3
湖 北	78.3	93.9	92.5	45.9	48.1
湖 南	90.0	92.6	89.6	44.1	46.7
广 西	73.7	98.2	88.6	72.5	83.6
海 南	69.5	81.0	64.7	25.0	44.0
重 庆	92.4	97.6	97.0	42.8	44.4
四 川	77.5	85.6	82.3	40.3	39.2
贵 州	75.9	95.2	83.5	54.3	69.1
云 南	86.6	95.7	93.9	58.7	79.6
陕 西	82.7	94.7	87.5	40.5	40.8
甘 肃	82.2	89.2	87.3	47.4	69.4
青 海	75.7	86.7	80.7	37.1	44.0
宁 夏	89.5	99.2	99.0	38.8	78.0
新 疆	87.4	81.9	66.7	78.8	79.2

数据来源：国家统计局农村贫困监测调查。

（三）2011-2014 年扶贫重点县统计资料

表 4-3-1　2011-2014 年扶贫重点县分地区农村贫困人口

单位：万人

地 区	2011 年	2012 年	2013 年	2014 年
合 计	6112	5105	4279	3649
河 北	358	304	274	235
山 西	160	134	123	104
内蒙古	153	134	110	95
吉 林	22	16	15	14
黑龙江	93	79	70	73
安 徽	395	311	296	248
江 西	317	268	201	159
河 南	488	391	324	264
湖 北	326	278	203	169
湖 南	379	299	232	208
广 西	252	193	183	143
海 南	15	10	9	12
重 庆	116	103	97	83
四 川	384	320	275	236
贵 州	722	622	535	440
云 南	782	672	543	469
陕 西	312	266	231	188
甘 肃	602	514	395	346
青 海	61	53	46	36
宁 夏	47	36	33	30
新 疆	127	103	84	97

数据来源：国家统计局农村贫困监测调查。

表 4-3-2　2011-2014 年扶贫重点县分地区农村贫困发生率

单位：%

地　区	2011 年	2012 年	2013 年	2014 年
合　计	29.2	24.4	20.2	17.5
河　北	28.5	24.1	21.7	19.8
山　西	28.8	23.8	21.8	18.8
内蒙古	24.5	19.7	16.1	13.4
吉　林	20.4	14.6	13.6	12.9
黑龙江	28.1	23.3	20.7	21.7
安　徽	20.7	18.1	15.9	13.0
江　西	31.9	26.4	19.4	15.5
河　南	22.5	18.0	15.1	12.1
湖　北	28.7	24.3	17.7	14.8
湖　南	37.5	29.2	22.6	22.4
广　西	28.7	22.0	20.7	15.8
海　南	19.2	12.2	12.5	15.9
重　庆	13.5	12.3	10.3	9.7
四　川	27.9	23.1	19.9	17.0
贵　州	35.4	29.2	25.1	20.1
云　南	36.2	30.7	24.9	22.8
陕　西	26.2	22.3	19.6	17.1
甘　肃	45.1	38.6	29.9	26.3
青　海	30.8	24.5	21.3	16.8
宁　夏	22.4	17.4	16.1	14.4
新　疆	30.7	24.0	17.1	19.5

数据来源：国家统计局农村贫困监测调查。

表 4-3-3　2012-2014 年扶贫重点县农户生产生活条件

指标名称	单位	2012 年	2013 年	2014 年
一、农户生产生活条件				
1. 居住竹草土坯房的农户比重	%	8.4	7.7	7.0
2. 使用照明电的农户比重	%	99.0	99.2	99.5
3. 使用管道供水的农户比重	%	--	53.1	55.5
4. 使用经过净化处理自来水的农户比重	%	--	30.9	33.4
5. 饮水无困难的农户比重	%	--	80.4	82.3
6. 独用厕所的农户比重	%	91.6	92.3	93.2
7. 炊用柴草的农户比重	%	63.3	61.1	59.4
二、农户耐用消费品拥有情况				
1. 百户汽车拥有量	辆	2.4	5.6	6.6
2. 百户洗衣机拥有量	台	52.8	65.8	70.6
3. 百户电冰箱拥有量	台	47.0	54.4	60.5
4. 百户移动电话拥有量	部	159.7	172.1	193.0
5. 百户计算机拥有量	台	5.5	8.9	11.4

数据来源：国家统计局农村贫困监测调查。

表 4-3-4　2012-2014 年扶贫重点县农村基础设施

单位：%

指标名称	2012 年	2013 年	2014 年
一、自然村情况			
1. 通电的自然村比重	98.8	99.3	99.5
2. 通电话的自然村比重	93.2	93.1	95.0
3. 通有线电视信号的自然村比重	69.0	70.4	74.6
4. 通宽带的自然村比重	37.9	43.0	46.9
5. 主干道路面经过硬化处理的自然村比重	--	58.7	63.5
6. 通客运班车的自然村比重	--	37.6	42.0
7. 饮用水经过集中净化处理的自然村比重	--	27.3	34.3
二、行政村情况			
1. 有文化活动室的村比重	73.6	74.8	80.9
2. 有卫生站（室）的村比重	87.1	92.9	94.5
3. 拥有合法行医证医生／卫生员的村比重	84.0	89.2	91.1
4. 有幼儿园或学前班的村比重	44.2	50.7	54.7
5. 有小学且就学便利的村比重	59.1	61.1	62.2
6. 拥有畜禽集中饲养区的村比重	15.9	25.1	27.2

数据来源：国家统计局农村贫困监测调查。